ISSO É O QUE FARÁS
DE TUA VIDA!

"Não vos preocupeis com os desafios.
Antes, considerai que são eles que promovem a criatura a dar passos mais ousados e a atingir patamares mais altos."

Joanna de Ângelis/Divaldo Franco

Para

com votos de paz

/ /

DIVALDO FRANCO

DITADO PELO ESPÍRITO

JOANNA DE ÂNGELIS

Vida GLORIOSA

LEAL

Salvador

1. ed. – 2025

COPYRIGHT © (2025)
CENTRO ESPÍRITA CAMINHO DA REDENÇÃO
Rua Jayme Vieira Lima, 104
Pau da Lima, Salvador, BA.
CEP 412350-000
SITE: https://mansaodocaminho.com.br
EDIÇÃO: 1. ed. especial – 2025
TIRAGEM: 10.000 exemplares
COORDENAÇÃO EDITORIAL
Lívia Maria Costa Sousa

REVISÃO
Adriano Mota Ferreira
Lívia Maria Costa Sousa
Vanessa Silva dos Santos
CAPA
Ailton Bosco
EDITORAÇÃO E PROJETO VISUAL
Ailton Bosco
COEDIÇÃO E PUBLICAÇÃO
Instituto Beneficente Boa Nova

PRODUÇÃO GRÁFICA
LIVRARIA ESPÍRITA ALVORADA EDITORA – LEAL
E-mail: editora.leal@cecr.com.br

DISTRIBUIÇÃO
INSTITUTO BENEFICENTE BOA NOVA
Av. Porto Ferreira, 1031, Parque Iracema. CEP 15809-020
Catanduva-SP.
Contatos: (17) 3531-4444 | (17) 99257-5523 (WhatsApp)
E-mail: boanova@boanova.net
Vendas on-line: https://www.livrarialeal.com.br

Dados Internacionais de Catalogação na Publicação (CIP)
(Catalogação na fonte)
BIBLIOTECA JOANNA DE ÂNGELIS

F825 Franco, Divaldo Pereira. (1927)

Vida gloriosa. 1. ed. / Pelo Espírito Joanna de Ângelis [psicografado por] Divaldo Pereira Franco, Salvador: LEAL, 2025.
216 p.
ISBN: 978-65-86256-66-6

1. Espiritismo 2. Psicografia 3. Reflexões morais I. Franco, Divaldo II. Título

CDD: 133.93

Bibliotecária responsável: Maria Suely de Castro Martins – CRB-5/509

Foto: Vanessa Kosop

De que adianta o ideal que não torna o homem melhor?

Divaldo Franco

DIVALDO FRANCO

Filho do casal Francisco Pereira Franco e Anna Alves Franco, **Divaldo Pereira Franco** nasceu em 5 de maio de 1927, na cidade de Feira de Santana, Bahia, e desde a infância se comunica com os Espíritos.

Cursou a Escola Normal Rural de Feira de Santana, recebendo o diploma de professor primário em 1943.

É um dos mais consagrados oradores e médiuns da atualidade, fiel mensageiro da palavra de Cristo pelas consoladoras e esperançosas lições da Doutrina Espírita.

Com a orientação de Joanna de Ângelis, sua mentora, publicou mais de 260 obras, de vários Espíritos, muitas já traduzidas para outros idiomas, levando a luz do Evangelho a todos os continentes sedentos de paz e de amor. Divaldo Franco foi também o pregador da Paz, em contato com o povo simples e humilde que ia ouvir a sua palavra nas praças públicas, conclamando todos ao combate à violência, a partir da autopacificação.

Em 1952, em parceria com seu fiel amigo Nilson de Souza Pereira, fundou a Mansão do Caminho, cujo trabalho de assistência social a milhares de pessoas carentes da cidade do Salvador tem conquistado a admiração e o respeito da Bahia, do Brasil e do mundo.

Divaldo Franco retornou à Pátria espiritual em 13 de maio de 2025, aos 98 anos de idade, e sua vida foi um exemplo incontestável e irretorquível da mediunidade missionária.

JOANNA DE ÂNGELIS

Joanna de Ângelis, que realiza uma experiência educativa e evangélica de altíssimo valor, tem sido, nas suas diversas reencarnações, colaboradora de Jesus: a última ocorrida em Salvador (1761 – 1822), como Sóror Joana Angélica de Jesus, tornando-se Mártir da Independência do Brasil; na penúltima, vivida no México (1651 – 1695), como Sor Juana Inés de la Cruz, foi a maior poetisa da língua hispânica.

Vivera na época de São Francisco (século XIII), conforme se apresentou a Divaldo Franco, em Assis.

Também vivera no século I, como Joana de Cusa, piedosa mulher citada no Evangelho, que foi queimada viva ao lado do filho e de cristãos outros, no anfiteatro onde pouco depois foi construído o Coliseu de Roma.

Até o momento, por intermédio da psicografia de Divaldo Franco, é autora de mais de 80 obras, 35 das quais traduzidas para 15 idiomas e 10 transcritas em braile. Além dessas obras, já escreveu milhares de belíssimas mensagens.

SUMÁRIO

Nota da editora

A Editora LEAL apresenta o livro *Vida gloriosa*, a primeira obra póstuma de Divaldo Franco como médium em parceria com o venerando Espírito Joanna de Ângelis.

Composta por mensagens inéditas de Joanna de Ângelis, a maioria se sucedeu entre os anos de 2023 e 2024, com o propósito de culminar nesta obra. A Editora LEAL manteve a sequência das mensagens conforme fora organizada por Divaldo Franco quando encarnado, considerando que nesta ação há uma proposta de ordem lógica estabelecida para a leitura. Mensagens mais antigas, igualmente inéditas em livro, com e sem títulos definidos, também foram apresentadas nesta edição, pela sua beleza, riqueza e relevância nos tempos atuais, para aprendizado e meditação daqueles que se permitirem uma leitura cuidadosa e comprometida.

Convidamos, portanto, os nossos leitores a mergulharem nestas páginas, permitindo-se perscrutar o que é e qual o propósito de uma vida gloriosa, assim como quais legados e surpresas Divaldo Franco nos deixou para acalentar o nosso coração quando regressasse à Pátria verdadeira.

Boa leitura e muita paz!

Apresentação

No prefácio do livro *Palavras de luz*, o Espírito Joanna de Ângelis, pela psicografia de Divaldo Franco, declara:

> Com Allan Kardec aprendemos que as **palavras da verdade**, impregnadas de lógica invulgar, são alicerces para a edificação das vidas que as adotem como **regra de comportamento**, porquanto, penetrando os conteúdos profundos da revelação espiritual, o insigne lionês conseguiu atualizar os ensinamentos do Mestre Jesus, lançando pontes entre a Ciência e a fé, a Filosofia e a moral, a razão e a religião.[1]

A venerável mentora construiria uma *ponte* entre o Mundo espiritual e o mundo das formas a partir do livro *Messe de amor*, lançado em 1964, e em 1989 daria início à produção mediúnica inédita, colocando "pontes entre os mecanismos das Psicologias Humanista e Transpessoal com a Doutrina Espírita, que as ilumina e completa, assim cooperando de alguma forma com aqueles que se empenham na busca interior, no autodescobrimento".[2]

São 16 obras, iniciadas com *Jesus e atualidade*, e que culminariam com o lançamento de *Psicologia da gratidão*, em 2011, consolidando, assim, a sua famosa *Série*

1. FRANCO, Divaldo Pereira [por diversos Espíritos]. Prefácio. *In*: FRANCO, Divaldo Pereira; ÂNGELIS, Joanna de [Espírito]. *Palavras de luz*. 1. ed. Salvador: LEAL Editora, 1993, p. 12 (grifos nossos).

2. FRANCO, Divaldo Pereira; ÂNGELIS, Joanna de [Espírito]. *Autodescobrimento*: uma busca interior. 19. ed. 12ª reimp. Salvador: LEAL Editora, 2025, p. 10.

Psicológica Joanna de Ângelis. Assinale-se, igualmente, a *Série Momentos*, com 8 volumes; compondo um total de 87 livros que iluminam nossas vidas com o seu pensamento filosófico e de conteúdo ético, alicerçado nos postulados da excelente Doutrina Espírita, codificada por Allan Kardec a partir de 1857.

O riquíssimo acervo está impregnado de luz orientadora, sugerindo rumos e perspectivas positivas, renovadores de objetivos existenciais, estimuladores da reflexão em torno da vida, do destino humano, do autodescobrimento, da felicidade e do sucesso pessoal.

Cada pensamento da benfeitora assinala animadoras possibilidades de emergir um desejo, uma vontade de aprofundamento da temática, seja no livro no qual está contido, seja nas esclarecedoras obras da Codificação Espírita, alargando, dessa forma, os horizontes da existência física, oferecendo uma visão do ser humano e do mundo consoante os postulados do Espiritismo, caracterizados e iluminados pelas provas da existência de Deus, da imortalidade, da reencarnação, da comunicação dos entes queridos que partiram para o Além-túmulo...

O Espírito Joanna de Ângelis conhece a força das palavras, sobretudo das palavras escritas. Quando direcionadas de forma estimuladora, cativante e criadoras de impulsos para o bem, o otimismo, a autoestima, a afetividade, a empatia, a confiança em si próprio e em Deus, além de conter construções filosóficas de conotação psicológica-humanista, são verdadeiros poemas. Está na *verve* do seu Espírito a delicada sensibilidade para a arte de versejar, ela que, no século XVII, na personalidade de Sóror Juana Inés de la Cruz, foi citada nas edições de suas obras, em 1690, como "única poetisa americana, Décima Musa...", levando um dos críticos de sua obra, o espanhol Marcelino Menéndez Pelayo, a declarar que "se pode extrair uma filosofia de amor dos poemas de Sóror Juana. Mas também se pode extrair psicologia e até lógica". Num desses poemas, grafado no idioma espanhol, ela faz um emocionante apelo:

> *"Óyeme con los ojos,*
> *ya que están tan distantes los oídos."*
> (Ouve-me com os olhos,
> já que estão tão distantes os ouvidos.)[3]

As obras da benfeitora, que formam um tesouro de preciosas gemas, são um convite para que, lendo os seus textos, possamos *ouvi-la com os olhos*, em face da nossa incapacidade paranormal, que cria uma barreira, um obstáculo que não nos permite, por ora, ouvir diretamente a voz do seu Espírito, a não ser através das palavras escritas por meio da faculdade mediúnica da psicografia, "do verbo espiritual fazendo-se carne", graças aos sentidos especiais e sensíveis do médium Divaldo Pereira Franco, cujos ouvidos estiveram sempre bem próximos da voz da venerável mentora, certamente desde que ele nasceu, em 5 de maio de 1927, desencarnando em 13 de maio de 2025, sendo, portanto, mais de 98 anos de fidelidade e disciplina.

Seis meses após a desencarnação d'*O Semeador de Estrelas*, em cujas mãos o lápis deslizava sobre as folhas de papel grafando as mensagens iluminativas da veneranda, e

3. PAZ, Octavio. *Sóror Juana Inés de la Cruz* – as armadilhas da fé. São Paulo: Editora Mandarim, 1998, p. 378, 385 e 390.

no ensejo das comemorações natalinas deste ano de 2025, o Centro Espírita Caminho da Redenção oferece ao público leitor da benfeitora esta nova obra de sua autoria espiritual, o octogésimo oitavo do seu rico acervo no contexto da literatura espírita, *Vida gloriosa*, com trinta capítulos-mensagens inéditos.

A união entre Joanna de Ângelis e Jesus; dela com Francisco de Assis e com o médium Divaldo Franco, em séculos de vínculos fraternais e de labor em benefício da Humanidade, é o exemplo máximo, a excelência da harmonia íntima, da mensagem da eterna amorosidade.

Lendo e meditando acerca dos *ditos* motivacionais, terapêuticos e libertadores da admirável psicoterapeuta e mestra da Psicologia Espírita, possam eles constituir, em cada dia de nossas vidas, luzes a apontar rumos e roteiros, culminando com o alcance da felicidade e que, ao final desta atual experiência reencarnatória, logremos reencontrá-la e ouvir, em comovedor e abençoado amanhecer, os seus poemas de amor fraternal e nunca mais nos afastarmos, conquistando, finalmente, o *triunfo pessoal* para uma *vida gloriosa*, escutando "a sua palavra meiga, carregada de conceitos elevados, chegando-nos à alma, como se fosse uma celestial melodia, a nos assinalar a existência para sempre".[4]

Adilton Pugliese
Salvador, Bahia, novembro de 2025.

4. PEREIRA, Nilson de Souza. Prefácio. In: CARNEIRO, Celeste; FRANCO, Divaldo Pereira. *A veneranda Joanna de Ângelis*. 10. ed. 2ª reimp. Salvador: LEAL Editora, 2023.

Não duvides da excelência do teu compromisso para com a vida e da tua contribuição em favor do bem operante.

Joanna de Ângelis/Divaldo Franco

Capítulo 1

Coragem na luta

O conhecimento de qualquer natureza é uma luz que se expande, eliminando a ignorância e facilitando o processo evolutivo.

As lições insertas[5] em o Evangelho de Jesus têm como objetivo essencial desvelar o destino dos seres humanos, estejam encarnados ou desencarnados, a fim de libertá-los da ganga que os impregna desde priscas eras.

Ante a fatalidade que lhe é imposta pela Criação, a plenitude, o Espírito mergulha no corpo tendo por meta o desenvolvimento dos valores e dons que lhe jazem inatos nas sutis engrenagens da sua constituição. Todavia, o processo, em razão da sua estrutura material, obnubila o discernimento, impedindo que se possa dedicar à essência do existir.

De uma a outra jornada, são transferidas as experiências para as fixações, especialmente as negativas, por

INSERTO
Que se inseriu; introduzido, inserido, incluído.

DESVELAR
(Fig.) Fazer conhecer; revelar.

GANGA
(Por ext.) Conjunto de resíduos inaproveitáveis; bagatela, ninharia, rebotalho.

PRISCO
Que pertence a tempos idos; antigo, velho, prístino.

FATALIDADE
Destino que não se pode evitar; fado, fatalismo.

PLENITUDE
Estado do que é inteiro, completo; totalidade, integridade.

JAZER
Situar-se, encontrar-se; ficar, localizar-se.

INATO
Que pertence ao ser desde o seu nascimento; inerente, natural, congênito.

OBNUBILAR
Tornar(-se) obscuro; escurecer(-se).

DISCERNIMENTO
Capacidade de compreender situações, de separar o certo do errado.

5. O glossário desta obra adota como referências principais os dicionários Houaiss, Aulete Caldas, Aurélio, Michaelis, Infopédia, além do dicionário de termos específicos *Espiritismo de A a Z*, da FEB (nota da Editora).

uma questão de herança do primário período, que ressurgem como tendências e aptidões que o conduzem a repetir os equívocos que o aturdem.

ATURDIR
Perturbar a mente, o raciocínio ou os sentidos de alguém; atordoar(-se), estontear(-se).

O Espiritismo esclarece essas facetas que devem ser diluídas, proporcionando as emoções mais elevadas, de modo que as aspirações do bem, do bom e do belo predominem entre as metas gratas e abençoadas, que deverão permanecer para toda a vilegiatura ascensional.

ASPIRAÇÃO
(Fig.) Desejo profundo de atingir uma meta material ou espiritual; sonho, ambição.

VILEGIATURA
Temporada que se passa fora da zona de habitação habitual. No caso em tela, durante a experiência carnal na Terra.

Nesse sentido, a reencarnação desempenha o papel fundamental de ensejar a mudança de aspirações íntimas, modificando a qualidade das ações a executar.

ENSEJAR
Dar ensejo a, apresentar a oportunidade para; ser a causa ou o motivo de; possibilitar, justificar.

É compreensível que o seu caráter ético e moral, estruturado na ação da caridade, tenha prevalência, por facilitar a superação das heranças molestas e o aumento dos anseios de sublimação.

MOLESTO
Que revela maldade, perversão, malignidade.

SUBLIMAÇÃO
(Fig.) Ação de exaltar, engrandecer; exaltação, enaltecimento.

A caridade, por essa razão, luariza aquele que a pratica e dulcifica aquele que a recebe.

LUARIZAR
Alumiar suavemente, como faz o luar.

DULCIFICAR
(Por ext.) Tornar agradável, ditoso, feliz.

Nada obstante, numa visão apressada e superficial, em consequência, tem-se a impressão de predomínio do mal sobre o bem na sociedade terrestre.

Para onde se observe e o que seja para análise, quase sempre nela se destaca o negativo, o perturbador, o escandaloso, ao invés do legítimo, do nobre, do libertador.

A imensa mole dos aflitos morais, sociais, econômicos torna-se muito maior do que aquela que diz respeito aos afortunados pela saúde e pelo bem-estar.

MOLE
Grande quantidade de qualquer coisa.

Isto assim ocorre porque o planeta terrestre se encontra na faixa de *mundo de provas e expiações*, exatamente em razão das qualidades morais daqueles que agora o habitam.

EXPIAÇÃO
Meio usado para purificar(-se) de faltas cometidas.

A fim de expressar a sua evolução, a do planeta, a solidariedade universal faculta que renasçam no orbe terrestre multidões de outros Espíritos procedentes de mundos evoluídos, que já conseguiram logros relevantes e alcançaram mais nobre situação na escala do progresso.

Incontáveis desses visitantes trazem o objetivo de ensinar-nos sabedoria, oferecer-nos exemplos de dignificação e trabalho, amor e perseverança no bem, conforme estabelecido pelo sublime código da Boa-nova.

O que ora vemos, grandeza de tecnologia e aberrações morais, é exatamente o resultado das lutas valorosas do transitório físico e do perene espiritual.

Trava-se uma rude batalha entre os mensageiros da Verdade e os histriões da mentira, em sucessivos tentames de comportamento hostil e apaziguador.

Os aparentes prejuízos, tidos como vitória da treva, não significam derrota do bem, mas experiência nova que será aplicada no porvir, oferecendo o triunfo do progresso.

Assim sendo, não tem havido qualquer atraso ou retrocesso no mecanismo da evolução planetária.

A acuidade dos seus habitantes está muito mais apurada; a cultura, embora ainda com laivos primários, já permite perceber-se o que antes permanecia ignorado.

Num ambiente fechado e às escuras, um raio de claridade permite perceber-se alguma desordem no ambiente, se tal ocorrer. No entanto, um jato de luz, um jorro, apresenta toda a imundície ou limpeza que estava oculta.

FACULTAR
Dar a possibilidade ou permissão; possibilitar, permitir.

LOGRO
Ação ou resultado de lograr; fruição.

BOA-NOVA
Notícia da salvação do mundo por Jesus Cristo; Evangelho.

TRANSITÓRIO
Que só dura certo tempo; que é breve; passageiro, transitivo.

PERENE
Que é eterno, perpétuo; perenal.

HISTRIÃO
(Pej.) Pessoa vil, pela abjeção dos atos que pratica.

TENTAME
Ato de tentar; tentativa, ensaio.

APAZIGUADOR
Que ou o que apazigua; pacificador.

PORVIR
O tempo que está por vir, por acontecer; futuro.

ACUIDADE
(Fig.) Grande capacidade de percepção; finura, sutileza.

LAIVO
Marca, sinal produzido por uma substância; mancha, nódoa.

JORRO
(Por ext.) Emissão súbita e intensa de raios luminosos.

IMUNDÍCIE
(M.q.) Imundícia; ausência de asseio; falta de limpeza; porcaria.

OCULTO
Que está escondido, encoberto.

Desse modo, já é possível detectar-se desequilíbrio e anarquia em muitos ambientes nos quais não deveria ocorrer e era desconhecido, porque não se tinha como penetrar na sua triste realidade.

A soberania do poder arbitrário, das leis injustas e trabalhadas mais a benefício do mal do que do bem e da ordem não permitia e vigiava a situação com terror, preservando a ignorância e a perversidade.

Lentamente, porém, tem-se podido ver os graves comportamentos que predominam ainda no mundo, na razão direta em que a luz do conhecimento esbate as sombras terríveis.

Prossegue, apesar das dificuldades e das lágrimas, o sublime ministério de Jesus, com os Seus trabalhadores preparando o banquete que Ele prometeu e terá ocasião de ofertar.

Não te permitas abater ante os aparentes insucessos do correto e os júbilos da rebeldia, da indignidade, que são frutos espúrios da vileza moral daqueles que assim procedem.

Sem Judas, outro lhe ocuparia o lugar, porque, a fim de que houvesse a glória da ressurreição, era imprescindível que ocorresse o hediondo espetáculo da traição, da crucificação e da morte do Nazareno.

Circunstâncias outras gerariam as condições infames que os fariseus desonestos desejavam, a fim de livrar-se da presença do Amor não amado.

Era necessário que a Ovelha fosse posta na cruz para servir de escarmento que aplacasse a fúria dos insensatos.

ANARQUIA
Falta de organização e/ou de liderança em qualquer tipo de atividade, local ou instituição; confusão, bagunça.

ESBATER
Tornar os contrastes de cores e tons menos nítidos, indo, gradativamente, dos mais fracos para os mais fortes, e vice-versa.

MINISTÉRIO
Execução de uma tarefa, de uma obra; atividade, trabalho, mister.

JÚBILO
Alegria extrema, grande contentamento; jubilação, regozijo.

ESPÚRIO
Que não está de acordo com as leis ou a ética; ilegal, desonesto, ilegítimo.

VILEZA
Caráter ou atributo do que é vil ou vilão; vilanagem, vilania.

IMPRESCINDÍVEL
De que não se pode prescindir; essencial, indispensável, necessário.

HEDIONDO
Que é considerado desprezível ou ignóbil, do ponto de vista moral; abjeto, depravado, sórdido.

INFAME
Que causa repulsa ou desprezo por ser de má qualidade ou por ferir a sensibilidade ou o senso estético; detestável.

FARISEU
Relativo a ou membro de grupo religioso judaico, surgido no sII a.C., que vivia na estrita observância das escrituras religiosas e da tradição oral.

ESCARMENTO
Castigo, punição, correção.

Não duvides da excelência do teu compromisso para com a vida e da tua contribuição em favor do bem operante.

Por mínima que seja a tua contribuição, ela tem valor especial e preenche espaço que permanece vazio, aguardando.

Encoraja-te cada vez mais na luta e exulta com a felicidade de te encontrares nas fileiras do Evangelho, enquanto multidões estorcegam na loucura da escuridão e na volúpia do prazer venenoso que as consome.

Prossegue invicto no labor íntimo de vencer as heranças da longa travessia carnal e deixa que brilhe a tua luz de paz e de amor sendo percorrida.

Se, por acaso, os divertidos e insensatos te apresentarem os escombros morais que se estão acumulando no planeta, sorri e responde-lhes que a primavera do amor logo mais chegará para reverdecer o solo e facilitar a construção da Nova Era sobre os cascalhos e ruínas desta enferma civilização, sob as bênçãos de Jesus, o inolvidável Herói da Cruz.

Joanna de Ângelis

(Página psicografada pelo médium Divaldo Pereira Franco na sessão mediúnica da noite de 9 de janeiro de 2023, no Centro Espírita Caminho da Redenção, em Salvador, Bahia.)

EXULTAR
Experimentar e exprimir grande alegria, grande júbilo.

ESTORCEGAR
Estorcer-se, retorcer-se.

VOLÚPIA
Grande prazer dos sentidos.

LABOR
Trabalho, faina, esp. tarefa árdua e demorada.

REVERDECER
Tornar verde (a vegetação); cobrir-se de verde.

INOLVIDÁVEL
Não olvidável; impossível de esquecer-se.

Mantém-te a Ele vinculado pelo pensamento, seja qual for a circunstância, e procura agir conforme Ele fazia, em toda e qualquer ocorrência em que te vejas envolvido.

Joanna de Ângelis/Divaldo Franco

Capítulo 2

Quem é este homem?

A data do Seu nascimento é incerta na pesquisa histórica dos investigadores e estudiosos da Sua existência, dos Seus atos e dos Seus ensinamentos.

Mas isso não é importante, porque os fatos e dados narrados podem, ainda hoje, ser encontrados pelos caminhos que percorreu.

Ao ser visto, logo se destacava pela grandeza moral que exteriorizava.

Todos quantos O viram foram dominados por Sua grandeza e jamais O esqueciam.

Manso e gentil, esteve sempre no foco das perturbações e dos choques de opinião.

Os Seus silêncios eram grandiosos, como poucas sinfonias no conjunto da sua poesia harmônica.

Viveu entre aqueles que eram considerados réprobos e Se manteve sempre nobre, sem os humilhar.

Conviveu com a miséria existente, no entanto era portador de tesouros incalculáveis.

SINFONIA
Composição para orquestra, em forma de sonata, e que se caracteriza pela multiplicidade de executantes para cada instrumento e pela diversidade de timbres.

RÉPROBO
Que ou aquele que foi banido da sociedade; malvado, detestado, infame.

INTIMORATO
Não timorato, que não sente temor; destemido, valente.

MACERAR
(Fig.) Mortificar; torturar.

AFÁVEL
Delicado, educado no trato com outrem; amável, cortês.

DESATAVIADO
Que não traz atavios; que não é rebuscado; simples.

INJUNÇÃO
Influência coercitiva de leis, regras, costumes ou circunstâncias; imposição, exigência, pressão.

Intimorato, nunca Se permitiu abater ante as injustiças que maceravam a população, preservando Sua autoridade moral e vivendo os padrões elevados da misericórdia e da compaixão.

Afável com as criancinhas, era bondoso com os anciãos, aos quais sempre ouvia compadecido.

Saudável, não desprezava os enfermos que Lhe buscavam o socorro para a saúde de todo porte.

Simples e desataviado, jamais Se recusou às complexidades das massas em perturbação.

Portador de desconhecidos poderes, aceitou situações e injunções perversas, sem utilizar as energias inigualáveis que possuía.

Revolucionário do bem, sempre convidava à paz e ao equilíbrio, sem fugir à luta.

Reuniu um pequeno grupo de homens simples e sem o tesouro da cultura nem do poder terreno, humildes de profissão, deles fez mensageiros de extraordinários conhecimentos e valores morais incomuns.

Sem teto próprio para resguardar-se no cansaço e do sono, elegeu a Natureza como o Seu lar e as casas modestas de amigos pobres para repousar.

Conhecedor dos acontecimentos do futuro, viveu o presente com integridade e devotamento.

Podendo empreender situação de destaque na comunidade, operava maravilhas e pedia silêncio sobre elas.

Discriminado pelos contemporâneos que O invejavam e gostariam de ser-Lhe iguais, aceitou seus convites para ir aos seus lares, a fim de O submeterem ao metro da sua pequenez.

Amigo e benfeitor dos excluídos, aos quais socorreu sempre, não lhes solicitou gratidão, nem reconhecimento da coletividade onde viveu.

Falava tudo quanto se falava, somente que ninguém jamais falou como Ele o fazia.

Veio para guiar a Humanidade ao seu fanal – a felicidade! –, mas não impôs as Suas diretrizes para a sua vigência.

FANAL
Guia, norte, luz intelectual.

Amou a tudo e a todos sem depender de nada ou de ninguém, porque Ele viera para dar e guiar a sociedade para a edificação do Reino de Deus.

Este homem é Jesus, Luz do mundo, Pão da vida, Caminho de redenção para todas as vidas.

Não O esqueças, nem te distancies d'Ele, seja qual for a circunstância ou o estado em que te encontres.

Mantém-te a Ele vinculado pelo pensamento, seja qual for a circunstância, e procura agir conforme Ele fazia, em toda e qualquer ocorrência em que te vejas envolvido.

Ele te ama...

Joanna de Ângelis

(Página psicografada pelo médium Divaldo Pereira Franco na sessão da noite de 27 de fevereiro de 2023, no Centro Espírita Caminho da Redenção, em Salvador, Bahia.)

Cuidar da higiene mental mediante as leituras e os atos edificantes constitui o valioso empenho para a autorrealização e a conquista da felicidade.

Joanna de Ângelis/Divaldo Franco

Capítulo 3

Ponte preciosa

A tempestade moral açoita inclemente a sociedade terrestre.

O desvario alcança índices alarmantes, enquanto as criaturas desvairam.

A princípio, era lenta a perversão, cautelosa, de face oculta, dominando em silêncio as suas vítimas, que estorcegavam caladas nos calabouços dos vícios.

De tal porte se tornou avassaladora que vem destruindo os limites e arrebentando em desordem, como ondas marinhas açoitadas por *tsunami* sem freio.

Os comportamentos antes tidos como desajustes sociais e morais tornaram-se quase generalizados, surgindo de improviso, qual estivessem represados e se libertaram de qualquer retenção.

A vaga perigosa carrega os seres humanos na direção dos abismos morais que se impõem como necessidades de urgência, nada respeitando, numa voragem assustadora.

AÇOITAR
Causar devastação; assolar, devastar.

INCLEMENTE
Que é difícil de suportar; duro, severo.

DESVARIO
Procedimento enlouquecido ou insensato; desatino; insensatez.

TSUNAMI
Grande onda ou sucessão de ondas marinhas que se deslocam em alta velocidade e que se tornam catastróficas ao atingir profundidades menores, invadindo as praias.

VAGA
Cada uma das elevações de grande porte formadas nos mares, rios, lagos etc. pelos movimentos de vento, marés etc.; onda.

VORAGEM
(Fig.) Aquilo que provoca grandes arroubos, que arrebata, mortifica ou consome.

O que ontem chocava, por ser considerado como aberração ou desvio das faculdades mentais, logo que surge, adquire aceitação e alastramento, ameaçando a ordem e o equilíbrio social.

ALASTRAMENTO
Ato ou efeito de alastrar(-se); propagação, disseminação, difusão.

Diz-se que são consequências das terríveis pressões emocionais resultantes da pandemia recente de Covid-19, da guerra na Rússia, que ameaça converter-se numa convulsão mundial, e da desestruturação das resistências morais dos indivíduos.

COVID-19
Infecção respiratória aguda causada pelo coronavírus SARS-CoV-2, potencialmente grave, de elevada transmissibilidade e de distribuição global.

Sem dúvida, esses são fatores causais inegáveis, mas também resultado da desintegração dos valores éticos em consumpção lamentável, a fim de serem atendidos os desvarios morais cultivados na mente e divulgados como acepipes valiosos para o banquete existencial.

ACEPIPE
Iguaria que se serve antes do prato principal de uma refeição; aperitivo.

A destinação da Humanidade é o bem e a harmonia generalizada, em um mundo ordeiro e rico de recursos integrativos na fraternidade e no amor.

Antes, eram em bolsões que se cultivavam os desequilíbrios sociais, o que difere deste momento de terríveis exigências.

BOLSÃO
Região que se destaca por alguma particularidade que a distingue de seu entorno.

DIFERIR
Ser diferente; distinguir-se.

Cada indivíduo e sua culpa exigem um lugar para a expansão do seu tormento, ao invés da sua adaptação ao clima e à paisagem de harmonia.

Nesse verdadeiro báratro, o ser humano sente-se aflito, talvez sem dar-se conta de ser ponte segura entre o Mundo espiritual e o orgânico, que lhe sofre os efeitos danosos.

BÁRATRO
Abismo, voragem.

No seu processo evolutivo, alcançou mais um sentido, este sempre existente: a mediunidade, agora mais desenvolvida pelas aptidões psíquicas, e não tem sabido administrá-la, gerando intercâmbios nefastos com os desencarnados pertencentes às coortes do primarismo do qual surgiu.

Felizmente, o Espiritismo, de igual maneira, rompeu o silêncio do Mais-além e estabeleceu princípios saudáveis para entender-se essa peregrina faculdade, usando-a para a transformação moral para melhor.

Trava-se uma luta inevitável: a ponte mediúnica e os seus transeuntes.

A sua existência solicita entendimento, aplicação e vivência.

Para consegui-lo, torna-se indispensável estudar-lhe a função, o objetivo, a maneira como torná-la eficiente.

É nesse sentido que a ética do Evangelho de Jesus faz-se eficiente guia para a sua conduta.

O indivíduo possui a faculdade durante todas as horas, havendo momentos em que é mais vibrante e, com exuberância, exterioriza o seu campo de ação. Difere do que se pensa, que a sua finalidade é operar em momentos especiais, quando por ocasião de reuniões próprias para a sua função.

Como ainda nos encontramos em um mundo de provas e expiações, há mais facilidade em sintonizar com os seus campos primários e os Espíritos desse jaez, ainda mergulhados na densidade das paixões asselvajadas, conforme ocorre neste período, dando lugar aos fenômenos patológicos das obsessões.

INTERCÂMBIO
Permuta, troca.

NEFASTO
Que pode trazer dano, prejuízo; desfavorável, nocivo, prejudicial.

COORTE
Grupo numeroso de pessoas; magote.

PRIMARISMO
Rudimentar, primitivo.

JAEZ
(Fig.) Natureza ou qualidade fundamental; tipo específico; conjunto de traços ou características.

ASSELVAJADO
Muito grande e desproporcionado.

PATOLÓGICO
Que revela doença; mórbido, doentio.

A obsessão é o predomínio do Espírito desencarnado sobre o ser humano, submetendo-o aos seus caprichos e situações morais de baixo teor, normalmente culminando em transtornos psicológicos e psiquiátricos.

CULMINAR
(Fig.) Chegar ao auge, ao apogeu, ao ponto mais alto ou intenso de (alguma coisa boa ou má); atingir o máximo.

A ausência de resistências morais superiores que impedem a interferência das mentes malfazejas na conduta humana abre campo a desequilíbrios de comportamento de variado teor, gerando situações lamentáveis de despudor, de comportamentos doentios e de extravagâncias ridículas.

MALFAZEJO
Que traz prejuízo; nocivo, daninho, maléfico.

DESPUDOR
Falta de pudor; descaramento; desfaçatez.

Sabendo-se, porém, educar a faculdade mediúnica tendo por meta superior a transformação do caráter para melhor e saudável, ela se torna a trilha sublime a percorrer-se na busca da beleza imortal.

É exigível para o seu êxito a vigilância mental-moral na seleção dos compromissos cotidianos que geram sintonias de um e de outro grau.

A problemática da sintonia é de relevância, porque os Espíritos são atraídos conforme os hábitos mentais e as aspirações morais que se fazem cultivadas pelas criaturas humanas.

Não seja, desse modo, estranhável o fenômeno das comunicações de tais ou quais Entidades generosas e nobres, ou insensatas e perversas.

Tudo que existe no Universo obedece a essa Lei de Identidade Vibratória, especialmente no que diz respeito aos sentimentos e anelos, de modo que, com o grau em que se apresenta, gerando o campo de amor e caridade, sofre embates dos inimigos do progresso humano, que tudo fazem para criar empecilhos existenciais nos seus devotados cultores.

ANELO
Desejo intenso; anelação, anélito, aspiração.

CULTOR
(Fig.) Que ou quem é sectário, partidário (de causa, princípio etc.).

Não desanimem os médiuns a serviço de Jesus na evangelização dos seres humanos.

Cuidar da higiene mental mediante as leituras e os atos edificantes constitui o valioso empenho para a autorrealização e a conquista da felicidade.

EDIFICANTE
Que leva ao aperfeiçoamento moral, à virtude; edificador.

Aproveita e torna-te abençoada ponte entre a Terra e o Céu, qual a alegoria bíblica da *Escada de Jacó*, e tua existência estará rica de luz e argamassada nos elementos da paz.

Joanna de Ângelis

(Página psicografada pelo médium Divaldo Pereira Franco na sessão da noite de 10 de abril de 2023, no Centro Espírita Caminho da Redenção, em Salvador, Bahia.)

Confia nas bênçãos do tempo e, quando o de natureza solar te parecer incapaz de solucionar as tuas aflições, recorre ao *tempo de Deus*, que é o da Eternidade.

Joanna de Ângelis/Divaldo Franco

Capítulo 4

Desatando nós

Jesus foi enfático ao asseverar-nos: – *Eu vos trago vida, e vida em abundância.*

A assertiva do Rabi justifica-se por ser esclarecedora a Sua promessa. Vida, no sentido biológico, todos os seres possuem; no entanto, a vida no seu significado profundo, rica de realizações enobrecedoras, caracterizada pelos valores dignificantes, é muito escassa e de difícil conquista.

Invariavelmente, as criaturas humanas vivem mais vegetativamente do que no seu sentido de completude, isto é, de enriquecimento espiritual, tendo em vista o prosseguimento existencial após a desencarnação.

São poucas ainda as vidas que buscam atingir os mecanismos elevados da alegria em face do cumprimento dos deveres que lhe dizem respeito.

Não são poucos os Espíritos que nascem e renascem dentro de um círculo de paixões escravagistas, que os mantêm encarcerados nos vícios primevos de que ainda não se conseguiram libertar.

ESCRAVAGISTA
Que escravisa.

PRIMEVO
Dos primeiros tempos de (algo); inicial, primeiro.

Diante dos desafios do processo evolutivo, permitem-se enovelar-se nas malhas complicadas dos distúrbios emocionais e morais e de outros equívocos nos quais se comprazem.

ENOVELAR (Fig.) Tornar emaranhado, confuso.

DISTÚRBIO Perturbação da ordem; agitação, confusão, tumulto.

ESCUSAR Eximir-se de fazer algo, por acreditar ser inútil ou desnecessário.

EMBARAÇADO Misturado desordenadamente; emaranhado.

PRIMAZIA Prioridade, primado.

Mantêm os instintos em alerta e não se esforçam para libertar-se do primarismo.

Escusam-se aos esforços de natureza moral e vivem embaraçados em necessidades secundárias que adquirem primazia na sua jornada.

Ei-los queixosos, renitentes nos mesmos comportamentos, passem os anos e multipliquem-se as experiências, sem que alterem a forma de pensar e de conduzir-se.

Lamentosos, apegam-se aos problemas dos quais se devem libertar, mas que, por soberba e ignorância, mantêm com acendrado apego.

Urge uma mudança de conduta sob as luzes abençoadas do Evangelho de Jesus, ao alcance de todos quantos anelem pela real conquista da harmonia plena.

A oferenda que o Senhor faz, doando vida em abundância, tem uma contrapartida.

A princípio, a reflexão em torno do significado existencial é exigível e, logo, uma análise inicial de quais são os objetivos do existir, como trabalhar-se de maneira a produzir equilíbrio íntimo, recusa do habitual comportamento irresponsável e aquisição da consciência lúcida de que a viagem carnal é de grande envergadura para o mister.

MISTER Tarefa que se deve realizar; incumbência, serviço.

Logo depois de conscientizar-se da sua instabilidade, estabelecer metas a serem conquistadas, qual acontece em qualquer empreendimento de natureza humana.

A seguir, manter-se atento às ocorrências do dia a dia, de modo a não se enovelar nos turbulentos processos da vida que assinalam a maioria das criaturas humanas.

Optar pelas propostas de promoção moral e espiritual, esforçando-se por lapidar as aspirações e os desejos.

Viver no mundo, mas não se permitir corromper pelas sedutoras ofertas do prazer insano.

Desfrutar alegrias, à semelhança da flor exuberante após o período de encarceramento em que esteve no botão.

Manter-se vigilante quanto à saúde real que deflui da consciência ilibada, como fonte generosa e rica de formosas concessões.

Desenovelar-se, por fim, de toda retentiva que mantém no círculo estreito de repetição dos conflitos.

Desconecta-te dos pensamentos viciosos e malsãos, que campeiam em toda parte.

Desarma-te das cordas da suspeita injustificável de que os demais são sempre perigo em volta.

Há, sim, pessoas honoráveis e gentis, quais as que aspiras a conviver, e de igual maneira existem as insensatas, perversas e fúteis.

Busca discernir mediante convivência saudável.

Mantém os teus amigos com respeito e fraternidade, sendo cauteloso nas conversações saudáveis e convivência social.

Não te interesses por penetrar-lhes a vida íntima, tornando-te *cofre* de segredos, nem depósito de amargura deles.

ASSINALAR
Marcar; diferenciar por traços especiais; particularizar, especificar.

LAPIDAR
Aperfeiçoar, aprimorar, burilar; educar.

DESFRUTAR
Gozar, lograr, usufruir, aproveitar.

DEFLUIR
Emanar, provir.

ILIBADO
Não tocado; puro, sem mancha.

FORMOSO
Que é grandioso; elevado, esplêndido.

DESENOVELAR
(Fig.) Resolver (uma trama ou intriga); desenredar, desintrincar.

VICIOSO
Que apresenta perversão de caráter ou degradação moral; depravado, corrupto.

MALSÃO
Que ameaça o equilíbrio intelectual, moral; nocivo, maléfico.

ASPIRAR
Desejar profundamente; almejar, pretender, querer.

DISCERNIR
Perceber claramente (algo, diferenças etc.); distinguir, diferenciar, discriminar.

FRUIR
Desfrutar, usufruir.

Estima-os com dignidade, fruindo o imenso prazer de poder ser útil, mas também de possuíres pessoas interessadas no teu progresso moral e humano.

Sem dúvida, neste momento parece que o mundo enlouqueceu, mas cabe-te ser exceção, em face do conhecimento de que dispões em nome da doutrina da imortalidade do Espírito e suas relações com o mundo físico.

Viverás além do túmulo e as tuas serão as necessidades que ora te afligem.

Não há saltos na evolução.

Confia nas bênçãos do tempo e, quando o de natureza solar te parecer incapaz de solucionar as tuas aflições, recorre ao *tempo de Deus*, que é o da Eternidade.

Desse modo, desfruta da tua vida, sem complexidades negativas, sem pessimismo, alegrando-te com as pequenas belezas e fatos agradáveis que sucedem com frequência. Não te disponhas a pensar que os teus bons projetos e expectativas estejam fadados ao insucesso, ao fracasso.

TORMENTA
Tempestade violenta, sobretudo no mar; temporal, borrasca.

Observa o dia que surge após a tormenta. É sempre luminoso e encantador, nada parecendo com aquele que produziu problemas e sofrimentos.

Nos teus períodos menos tranquilos, ampara-te na oração reconfortante.

E, quando tudo parecer perdido, apega-te à caridade, à paciência e à fé.

Nunca, jamais desistas de sonhar com o êxito, o bem e bem viver, isto é, em equilíbrio e paz íntima.

Propôs Jesus: – *Vinde, eu vos darei a paz.*

Não postergues, desse modo, o momento de segui-lO e não te enrodilhes em nós de preguiça, de perversidade.

Agora é o teu momento de desatá-los e seguir livremente.

POSTERGAR
Deixar para depois; adiar.

ENRODILHAR
Atrapalhar (se), confundir(-se), rodilhar(-se).

Joanna de Ângelis

(Página psicografada pelo médium Divaldo Pereira Franco na sessão da noite de 17 de abril de 2023, no Centro Espírita Caminho da Redenção, em Salvador, Bahia.)

Através da revivescência do Evangelho de Jesus, cada criatura humana acenda a chama da candeia e a ponha no velador, a fim de vencer toda sombra e ignorância dos motivos reais da sua jornada.

Joanna de Ângelis/Divaldo Franco

Capítulo 5

Devotamento e abnegação

Iniludivelmente, o planeta vive o clímax da sua transformação de mundo de provas e expiações no rumo da regeneração.

CLÍMAX
O ponto mais alto ou período de maior intensidade em qualquer coisa ou sucesso concebidos como crescentes ou em desenvolvimento; culminância, acme.

Ao lado das aflições físicas e morais que afetam todas as criaturas humanas, outras, não menos danosas, de caráter interno na sua constituição material, geram expectativas surpreendentes.

Em toda parte, a cada momento surge um fenômeno desconhecido ou de maneira chocante e não identificado, decorrente das alterações experimentadas na sua massa formidanda.

FORMIDANDO
Espantoso; formidável.

Os especialistas no estudo planetário sabem das imensas e terríveis ocorrências cujas causas têm sido detectadas, porém, ignorando-se quando deverão ocorrer.

Seu clima, em consequência dos muitos fatores conhecidos, sofre mudanças significativas, enquanto a indiferença humana em desrespeito às Leis Universais prossegue no desvario das suas paixões, piorando a qualidade do ar, a sua toxidez, as suas possíveis alterações para outras expressões ainda não conhecidas...

As placas tectônicas, na sua ininterrupta movimentação, chocam-se e produzem calamidades, enquanto outras ameaças vindas do espaço campeiam contra o seu estado atual.

Sofrem-se os danosos efeitos da sua estrutura ainda em formação, e na sua pirosfera os incalculáveis volumes incandescentes lentamente alteram as suas aparências, em constante ameaça à superfície habitada.

Os mares, atendendo a impositivos poderosos, retraem-se em umas áreas para invadir outras antes consideradas inatingíveis.

A população, ascendendo em proporções formidandas, ameaça a estabilidade em razão das absurdas condutas morais da maioria dos seus governantes desalmados e enfermos.

O planeta agoniza, enquanto os seus habitantes, em diferentes estágios da evolução intelecto-moral, estorcegam na volúpia do prazer, do grotesco e absurdo que vêm adquirindo aceitação e destaque perverso.

As reencarnações mais recentes liberam das algemas do sofrimento no Mais-além multidões desvairadas de Espíritos em sofrimento e povoam o mundo com seres ignorantes da verdade, caracterizados pela barbárie, pela hediondez da ausência do sentimento do bom, do belo e do ideal.

TOXIDEZ (M.q.) Toxicidade; qualidade ou caráter do que é tóxico, esp. com o grau de virulência de um micróbio tóxico ou de um veneno.

CAMPEAR Continuar a existir; prevalecer.

PIROSFERA Zona da Terra abaixo da litosfera, constituída de magma [compõe, com a barisfera, o núcleo central da Terra.

INCANDESCENTE Em estado de incandescência; em brasa; candente.

ASCENDER Atingir, chegar a (valor, medida, nível etc.).

ENFERMO Pessoa doente; que tem funcionamento anormal.

GROTESCO Ridículo; caricato.

BARBÁRIE Qualidade, condição ou estado de bárbaro; barbarismo, selvageria.

HEDIONDEZ Qualidade de hediondo; que causa horror; repulsivo, horrível.

Crimes hediondos, que já deveriam ter desaparecido das páginas da história do passado, fazem-se comuns a ponto de a atual surpresa da filósofa Hanna Arendt referir-se à *banalidade do mal.*

Já não chocam ou assustam, nem chamam sequer a atenção os comportamentos patológicos, cruéis, para aqueles que os praticam, assim como para a sociedade em geral.

A banalização do mal torna-se hilariante a princípio, e depois normal, generalizando-se entre os denominados modernistas atormentados, que a adotam como forma de ocultar os terríveis conflitos que os desequilibram.

HILARIANTE
Que provoca alegria, riso, hilaridade; hilário.

Uma sementeira de ódio, e seus famanazes, jamais vista – quais o sexo em desajuste, os vícios generalizados e as perversões de toda espécie – constitui o modelo de conduta nos veículos de divulgação social.

FAMANAZ
(M.q.) Famigerado; tristemente afamado.

Todavia, não é desanimadora a situação, porque missionários da Ciência têm combatido grande número desses males, oferecendo recursos inimagináveis nas áreas da saúde, da convivência, dos valores morais e espirituais, para ser revertida essa ordem truanesca numa antecipação do Reino de Deus pelo qual todos lutamos, aqueles que despertamos para a realidade existencial.

MISSIONÁRIO
Aquele que recebeu ou assumiu a incumbência de realizar determinada tarefa ou promover a sua concretização.

TRUANESCO
Relativo a truão; bobo, tolo.

Jamais foram combatidos com firmeza, qual ocorre na atualidade, os males que sempre perturbaram a Humanidade.

Leis e recursos terapêuticos variados têm sido utilizados para diluir as mazelas nas quais se comprazem as

DILUIR
(Fig.) Atenuar a força; enfraquecer.

MAZELA
Falha moral, mácula na reputação; estigma, labéu.

COMPRAZER
Congratular-se; regozijar-se.

criaturas humanas, distantes dos deveres morais e dos compromissos espirituais para com o progresso.

Embora os resultados não tenham ainda sido positivos, tem-se, pelo menos, o conhecimento dos combates, que não podem cessar, contra a saúde moral dos povos e os caminhos de dignidade que todos os seres humanos devem percorrer.

Têm sido vencidos pela Ciência e pela tecnologia incontáveis partidários dos males em multiplicação. Alguns deles, com caráter pandêmico, têm recebido as reações que merecem, a fim de que morram e desapareçam na nascente.

O momento, porém, é de transição, na qual o amor prevalecerá, superando todas as iniquidades que têm dificultado a harmonia entre os indivíduos e a paz pessoal como familiar.

A reencarnação tem sido o valioso recurso para a dedicação humana ao programa que lhe cabe na escola da evolução.

Multidões equivocadas renascem nestes dias sob o látego de desafios existenciais, como o autismo – 38 crianças em cada 100 renascimentos na Terra –, convidando ao amor diferente, à ternura especial e ao carinho insuperável.

Os distúrbios de conduta nas mais variadas síndromes e transtornos – a de borderline, a de Down, a de Tourette, entre outras afligentes – e aqueles como a depressão, a ansiedade, que empurram para o suicídio, as neoplasias malignas de diversa gênese e enfermidades pandêmicas, ao lado

CESSAR
Dar fim a ou ter fim; deixar de existir; parar.

PARTIDÁRIO
Aquele que abraça uma causa, que segue uma ideia, uma pessoa; sectário.

PANDÊMICO
Referente a ou que tem características de pandemia: que é amplamente disseminado.

INIQUIDADE
Maldade, perversidade; culpa, crime.

LÁTEGO
(Fig.) Aquilo que incita à atividade, à realização de algo; estímulo.

AUTISMO
Polarização privilegiada do mundo dos pensamentos, das representações e sentimentos pessoais, com perda, em maior ou menor grau, da relação com os dados e as exigências do mundo circundante.

NEOPLASIA
Processo patológico que resulta no desenvolvimento de um neoplasma; neoformação.

GÊNESE
Conjunto de elementos que contribuíram para a formação ou existência de uma coisa.

dos problemas econômicos, sociais, afetivos e da solidariedade, contribuem para o despertar da consciência humana buscando o grande alvo, que é a paz.

Duas palavras, afirmava o Espírito de Verdade, em sua mensagem no *Evangelho segundo o Espiritismo*,[6] para a vitória do deambulante carnal: *devotamento* e *abnegação!*

Através da revivescência do Evangelho de Jesus, cada criatura humana acenda a chama da candeia e a ponha no velador, a fim de vencer toda sombra e ignorância dos motivos reais da sua jornada.

O devotamento ao dever impõe lealdade e perseverança nas lutas de superação das paixões inferiores, e a abnegação abre o caminho para a vivência da caridade em todas as suas expressões, demonstrando a grandeza do amor.

Outras virtudes surgem à medida que se exercita o dever, auxiliando todos a submeter-se às Soberanas Leis de Deus, vivendo conforme Jesus o fez e solicitou-nos a todos a imitá-lO.

A viagem carnal tem a sua fatalidade, que é a desencarnação, o encontro consigo mesmo em estado de plenitude espiritual.

Duas palavras que se transformam em um único dever, que é a união com Deus.

DEAMBULAR
(Por aprox.) Que ou o que caminha, vagueia.

DEVOTAMENTO
Ato ou efeito de devotar(-se); dedicação, devotação.

ABNEGAÇÃO
Ação caracterizada pelo desprendimento e altruísmo, em que a superação das tendências egoísticas da personalidade é conquistada em benefício de uma pessoa, causa ou princípio; dedicação extrema; altruísmo.

CANDEIA
Pequena peça de iluminação, abastecida com óleo ou gás inflamável e provido de mecha; usa-se ger. no alto, pendente de um prego.

VELADOR
Utensílio formado de uma haste de madeira apoiada numa base, tendo na parte superior uma espécie de disco onde se coloca um candeeiro ou uma vela.

FATALIDADE
Destino que não se pode evitar.

6. KARDEC, Allan. *O Evangelho segundo o Espiritismo.* 2. ed. 1ª impressão. Brasília: FEB, 2013, capítulo VI, item 8 (nota da autora espiritual).

No amor a Deus acima de todas as coisas e ao próximo, eis a solução para as dores, prenunciando a real alegria de viver.

PRENUNCIAR
Prever o que ainda não aconteceu; predizer, profetizar.

Joanna de Ângelis

(Página psicografada pelo médium Divaldo Pereira Franco na sessão da noite de 24 de abril de 2023, no Centro Espírita Caminho da Redenção, em Salvador, Bahia.)

Hoje o mundo está qual aquela Cafarnaum antes da chegada d'Ele.
Mas Ele está vivo e atento, com as mãos distendidas, curando e redimindo vidas.

Joanna de Ângelis/Divaldo Franco

Capítulo 6

Alegria e paz

Passaram na ampulheta do tempo os acontecimentos históricos com a velocidade correspondente ao desenvolvimento do progresso.

Desde as mais terrificantes convulsões da nebulosa inicial de gazes incandescentes, da qual surgiram as complexas e colossais galáxias, até o desabrochar de delicada violeta, o Criador vela pela Sua Obra.

Alteraram-se as terríveis modificações mediante as convulsões da imensurável *massa* até o resfriamento das temperaturas exageradas, e o tempo se foi encarregando de condensar os metais e as rochas, liquefazendo uns e mantendo outros em ebulição, com um destino adrede estabelecido.

Bilhões de anos se dobaram uns sobre os outros até o surgimento da vida, dormindo o profundo sono da inanição.

AMPULHETA
Instrumento que mede o tempo por meio do escoamento de areia.

TERRIFICANTE
Que terrifica, que aterroriza; terrífico.

NEBULOSA
Nuvem de matéria interestelar.

CONDENSAR
Tornar(-se) denso ou mais denso; espessar(-se), engrossar(-se).

LIQUEFAZER
Fazer passar ou passar (um corpo sólido ou gasoso) ao estado líquido; derreter(-se), fundir(-se).

EBULIÇÃO
Ato ou efeito de ebulir (ferver).

ADREDE
Com antecipação; previamente.

DOBAR
(Fig.) Decorrer (tempo); passar.

INANIÇÃO
Condição em que se encontra uma célula ou um organismo que carece de um elemento essencial à sua sobrevivência.

Muito depois, mediante desastres cósmicos colossais nos espaços infinitos, as moléculas se foram agregando e tudo tomou formas infinitas.

Surgiram da treva quase absoluta, onde volteava esse colosso em combustão, separações abruptas e volumosas, que seriam os astros, em altíssimas temperaturas, e resfriaram-se, formando-os, que passaram a vibrar num intérmino balé inconcebível, tudo em dimensões inimagináveis.

Naquele que seria a Terra, as convulsões não seriam menores, recebendo choques provindos de outras massas, destacando-se numa volúpia que imaginação alguma consegue entender.

A imensa massa lunar destacou-se num choque inimaginável e submeteu-se à força da qual se originou, qual ocorrera com ela ao liberar-se do Sol.

Invisíveis Leis de Harmonia passaram a influenciar o turbilhão universal, e o Cosmo se tornou equilibrado no caos dominador de tudo.

Na sucessão dos milênios, o planeta adquiriu sua órbita sob a divina supervisão e teve início a fatalidade do seu determinismo.

A evolução, adormecida no seu colosso, foi definindo-se, e os primeiros fenômenos vitais iniciaram o passo da sua futura destinação.

Da escuridão tremenda à claridade solar, do adusto e cruel terreno ao fértil, das águas em choques superlativos às calmarias, das tempestades aéreas ao equilíbrio das sucessivas camadas do ar, nesse turbilhão os seres surgiram, multiplicaram-se e transformaram-se, deixando sob

VOLTEAR
Fazer girar ou girar; dar voltas (a).

ASTRO
Nome comum a todos os corpos celestes (estrelas, planetas, cometas, satélites etc.).

PROVINDO
Que provém ou proveio; oriundo, proveniente, originário.

COSMO
(M.q.) Cosmos; espaço universal, composto de matéria e energia e ordenado segundo suas próprias leis; universo.

DETERMINISMO
Sistema de ideias segundo o qual cada fenômeno é rigorosamente condicionado pelos que o antecederam e dos quais é consequência.

COLOSSO
Qualquer objeto ou coisa de dimensões descomunais.

ADUSTO
Que foi queimado, ressequido, torrado.

SUPERLATIVO
Elevado ao mais alto ponto ou grau.

as águas e os desertos os fósseis, histórias lancinantes da sua existência um dia muito longe...

LANCINANTE
Muito doloroso, pungente, cruciante.

A inteligência humana, herdeira da divina, pensa, trabalha e edifica as cristalizações e os impérios, que sucumbiram sob as forças calamitosas da própria Natureza ou da barbárie dos seres humanoides em busca da sua humanidade.

SUCUMBIR
Sofrer derrota; ser vencido.

Nações poderosas surgiram e passaram, deixando as marcas das suas existências em pó e peças indestrutíveis, relativamente, das quais foram construídas.

Thales, em Mileto, Parmênides, na Eleia, transformam o pensamento selvagem em conduta moral e espiritual, enquanto Heráclito, Demócrito, Confúcio, Maquiavel, Hegel, Kant, Montesquieu, Durkheim e incontáveis deles, a partir de Pitágoras, foram estruturando as mentes e construindo os seres humanos em padrões éticos e estéticos que formariam as primevas culturas da sociedade.

Os *Vedas*, a *Bíblia*, o *Livro Tibetano dos Mortos*, a *Torá*, o *Bhagavad Gita*, o *Zendavestá* trouxeram a iluminação espiritual para a inteligência nos diversos períodos dos povos e nações, assinalando a imortalidade do Espírito como a meta do processo de evolução em todo o Universo.

As nações e povos que alcançaram elevados índices de cultura e de civilização viveram esses momentos grandiosos que passaram, deles restando os escombros da vitória do tempo sobre todas as coisas.

As Ciências alargaram os horizontes do conhecimento e da vida decifrando aparentes enigmas não solucionáveis, e hoje a inteligência artificial e a Robótica pensam em reduzir tudo ao espúrio acaso como responsável por todo esse avanço incomparável que dá beleza à vida, embora ainda não haja conseguido a transformação moral do ser humano para o ápice da sua angelitude adormecida no cerne de si mesmo.

Nem tudo, porém, a morte, a destruição conseguiram apagar na memória do tempo, porque em todas as épocas houve uma luz imarcescível apontando o caminho da Imortalidade.

E essa claridade começou a ser vista em uma suave manhã longínqua de primavera...

Cafarnaum era a capital da Galileia.

Relativamente próspera, sediava o governo das províncias, tinha uma gloriosa sinagoga e era entroncamento de estradas.

Tratava-se de uma região modesta de homens do campo e, principalmente, de pescadores, em razão do seu mar generoso, que sustentava a região ribeirinha.

Ele era esperado. Falava-se a Seu respeito fazia muitos séculos, desde os seus primeiros profetas.

Roma, porém, esmagava aquela região, que se lhe estava submetida.

Em razão da circunstância, o Messias era esperado como um conquistador, um guerreiro impiedoso, um vingador.

Não se sabia de onde viria nem quando surgiria, mas de que estava por chegar não havia dúvida.

ESPÚRIO
Não genuíno; suposto, hipotético.

ACASO
Ocorrência, acontecimento casual, incerto ou imprevisível; casualidade, eventualidade.

CERNE
(Fig.) Parte central ou essencial de; âmago, centro, íntimo.

IMARCESCÍVEL
(Fig.) Impossível de corromper; incorruptível, inalterável.

LONGÍNQUO
(Fig.) Afastado no tempo; remoto.

PROVÍNCIA
Subdivisão de um país, de um império.

SINAGOGA
Assembleia dos fiéis que seguem os princípios da lei mosaica.

ENTRONCAMENTO
Ponto de confluência, de junção de duas ou mais coisas.

RIBEIRINHO
Assentado à margem de ribeira, de rio; justafluvial, marginal.

As notícias a esse respeito eram relativamente poucas, mas portadoras de segurança multissecular.

Repentinamente, Ele apareceu.

Ninguém sabia dizer de onde viera, quem era.

Surgiu na praia, hospedando-se na casa de Simão Barjonas. Aparentemente, não se conheciam, isto é, Simão não sabia exatamente quem Ele era, embora a química que se estabeleceu entre eles desde o primeiro encontro.

Tudo começou quando o pescador solicitou-Lhe curar as febres da sua sogra, que estava doente.

Ele atendeu-o, exortou a febre a abandonar a senhora, que logo se pôs a servir a todos...

A notícia, como uma chama ligeira, espalhou-se, e a Cafarnaum onde havia muitos doentes desfilou pela porta de Simão, que se encontrava deslumbrado, como todos os demais.

...E todos que recorreram aos Seus cuidados ficaram curados.

As doenças da alma e do corpo venciam aquelas pessoas humildes e sofridas, e Ele as abençoou com as dádivas da saúde em um momento.

Ele era a saúde, a alegria e a paz.

Antes, poucos dias atrás, Ele estivera em uma boda onde operou um fenômeno incomum, transformando água em vinho.

Cafarnaum ficou imortal para sempre.

Mesmo quando destruída nas lutas contra Roma, ficaram as Suas lições, as Suas palavras, a Sua história.

MULTISSECULAR
Que possui muitos séculos de existência muito antigo.

EXORTAR
Persuadir, mediante palavras ou discursos, a fazer alguma coisa.

DESLUMBRADO
Maravilhado, fascinado.

BODA
Enlace matrimonial; casamento; festa ou banquete com que se celebram as núpcias.

Hoje o mundo está qual aquela Cafarnaum antes da chegada d'Ele.

DISTENDIDO
Esticado, estirado, espichado.

RECEAR
Ter receio ou medo de; ter apreensão quanto a; assustar(-se), preocupar(-se).

Mas Ele está vivo e atento, com as mãos distendidas, curando e redimindo vidas.

Não há por que recear. Nada poderá impedi-lO de conduzir-nos ao Pai, no Reino de Deus.

Joanna de Ângelis

(Página psicografada pelo médium Divaldo Pereira Franco na sessão da noite de 16 de junho de 2023, no Centro Espírita Caminho da Redenção, em Salvador, Bahia.)

Banha-te, pois, na água lustral da Boa-nova de Jesus Cristo, que veio ter conosco a fim de que pudéssemos experimentar desde logo as delícias do Seu reino, motivando-nos a conquistá-lo mediante a nossa integração no espírito imbatível da solidariedade.

Joanna de Ângelis/Divaldo Franco

Capítulo 7

Saúde moral

Dizes que não vale a pena viver a conduta reta, quando o crime e a desordem gozam de cidadania e de aceitação.

A vérmina da angústia parece corroer os postulados do que acreditavas como realidade inegável, e agora, desconsiderados pela sociedade, perdiam-se nos graves problemas existenciais.

Sim, é muito grave a situação moral do planeta, quando se proclama a necessidade do furto e do erro, a fim de serem atendidas necessidades que não são fundamentais; quando se apela para o infanticídio como reparação do uso do sexo irresponsavelmente; quando se agridem as autoridades que se perderam nos corredores administrativos e convivem com a criminalidade e os seus chefes, que desfrutam de consideração e cidadania; quando se percebe que a honradez é ultrajada e a retidão de caráter desperta zombaria; quando o escárnio e o

VÉRMINA
(Fig.) O que corrói ou destrói paulatinamente.

POSTULADO
Princípio admitido.

PROCLAMAR
Declarar publicamente em voz alta e com solenidade; anunciar.

INFANTICÍDIO
Morte do filho provocada pela mãe por ocasião do parto ou durante o estado puerperal.

ULTRAJADO
Que sofreu ultraje; ofendido.

RETIDÃO
(Fig.) Virtude de estar em conformidade com a razão, com o dever; integridade, lisura, probidade.

ZOMBARIA
Atitude ou manifestação de desdém, menosprezo ou ridicularização de alguém ou algo.

ESCÁRNIO
Atitude ou manifestação ostensiva de desdém, de menosprezo.

DESCALABRO
Estado de decadência; queda, ruína.

MENOSCABAR
(Fig.) Diminuir a importância ou o valor de (algo ou alguém); depreciar, desdenhar.

ESPRAIAR
(Fig.) Irradiar(-se), lançar(-se) para todos os lados.

ESMORECER
Tornar sem ânimo, sem forças; enfraquecer, entibiar, afrouxar.

CONSUMPÇÃO
Ato ou efeito de gastar até a destruição; consumição.

descalabro promovem os indivíduos que menoscabam a dignidade e o senso moral...

São doenças inumeráveis que se espraiam no mundo moderno e que culminam em síndromes perversas e alucinadas, no homicídio e, principalmente, no feminicídio.

Nessa situação atual e aterradora, a vida quase nada representa, podendo ser violada repentinamente, aumentando as estatísticas aterradoras. Apesar da situação calamitosa, não te podes esmorecer, deixar de praticar o bem, cultivar os deveres sagrados a que todos se devem consagrar.

A desagregação da sociedade começa quando o materialismo toma conta da cultura e apresenta a sua realidade pessimista da consumpção da vida mediante o veículo da morte.

A educação, que deve promover a vida e os ideais de engrandecimentos humanos, ao repudiar os valores espirituais, desarma o amor e a solidariedade, que devem viger no convívio social.

A ausência do significado afetivo, substituído por equipamentos eletrônicos que não conseguem acolher e dar calor à infância, torna os pais e responsáveis sustentadores de despesas, sem a ternura da afetividade que vincula profundamente as criaturas umas às outras.

O egoísmo, que predomina nos comportamentos humanos, mais se preocupa consigo próprio do que com o outro, que faz parte do organismo social.

Uma sociedade sem o heroísmo dos seus cidadãos avança na direção do caos.

Mais do que nunca surgem fantasias e ilusões que desviam a criatura da sua missão histórica de edificar o progresso moral, e não apenas o tecnicista, que coopera para a ausência de responsabilidade entre os indivíduos. O ser humano experimenta na cartografia da sua evolução um momento grave e muito delicado, que é este. Indispensável que esse cardápio do cotidiano não te constitua o único recurso para a tua escolha evolutiva.

TECNICISTA
Relativo a tecnicismo (caráter, qualidade ou condição do que é técnico).

CARTOGRAFIA
Descrição de mapas geográficos.

Dispões do Evangelho de Jesus, que prenunciou estes amargos tempos, período de transição de uma cultura insana para outra de significado feliz, estando às tuas ordens para ser vivenciada.

Por mais se aprofunde nas carnes da alma o domínio do cepticismo e da negação da vida, a destinação histórica da Humanidade é inevitável e nada impedirá que se mantenha a busca, evitando o caos.

CEPTICISMO
(M.q.) Ceticismo; falta de crença; descrença, incredulidade, dúvida.

O ser humano encontra-se num estágio da evolução que culmina na plenitude, conforme estabelecida pela ética, nas suas mais formosas expressões. E essa plenitude começa quando se desenvolvem os sentimentos de amor e de solidariedade, facultando a união e o equilíbrio entre os membros da comunidade na qual se convive.

Banha-te, pois, na água lustral da Boa-nova de Jesus Cristo, que veio ter conosco a fim de que pudéssemos experimentar desde logo as delícias do Seu reino, motivando-nos a conquistá-lo mediante a nossa integração no espírito imbatível da solidariedade.

LUSTRAL
(Por mtn.) Que purifica, invoca proteção, livra de culpas (diz-se de água, aroma, fogo etc.).

VIGENTE
Que está em vigor; que vigora; que vige.

Havendo demonstrado que o verdadeiro triunfo difere das formulações terrestres vigentes no Seu tempo, ensinou-nos temperança, bondade, aceitação, de modo a nos fortalecermos para a vitória final.

Observa a glória dos vencedores terrestres, que não vai além de um breve período, e os verás vergastados pelo medo do envelhecimento, das doenças, da traição dos companheiros, sempre preparados para substituí-los, e da morte...

Tudo fazem para permanecer no auge, mas a fatalidade do tempo os substitui e os atira à solidão, encarcerados nos seus tesouros, que lhes não diminuem as aflições íntimas.

Ei-los embriagados de luxúria e de perversões, alcoolizados ou dependentes de substâncias destrutivas, nas quais buscam refúgio para fingir felicidade e poder.

Acompanha o esforço, a audácia e o cinismo dos gozadores e constatarás quanto lhes é atribulada a existência e quantos terríveis temores íntimos. Empenham-se, alguns apaixonados e doentes morais, para retirar da História os mártires, os heróis capitaneados por Jesus, enquanto exaltam criminosos temíveis que brilharam por um dia, mas desapareceram também e são igualmente detestados pela multidão de vítimas que foram submetidas, mas nunca destruídas, porque a vida prossegue além da morte...

Todos renasceram em outros corpos, os malditos perseguidores e aqueles que lhes padeceram a crueldade e, ignorando a Verdade, aterrorizaram-nos, crucificaram e anatematizaram.

Desfilam, desfigurados, em estados que merecem compaixão e cooperação, e a maioria habitando as *cracolândias* das cidades que perverteram antes e agora lhes servem de abrigo nefando, onde expungem e recomeçam...

TEMPERANÇA Qualidade ou virtude de quem é moderado, comedido.

VERGASTAR Castigar; chicotear, chibatar, açoitar.

AUDÁCIA Tendência que dirige e incita o indivíduo a, temerariamente, realizar ações difíceis, desprezando obstáculos e situações de perigo; ousadia, intrepidez, denodo.

ATRIBULADO Que ou o que sofre atribulação, que passa por adversidades.

CAPITANEADO Diz-se do que é comandado, dirigido ou governado.

ANATEMATIZAR (Por ext.) Expulsar ou excluir (algo ou alguém) [de]; banir.

NEFANDO Abominável, execrável, infando.

EXPUNGIR Tornar limpo, isento, livre.

Incontáveis deambulam pelos corredores da loucura, dos estertores agônicos do abandono social ou de si mesmos, bem como aprisionados em doenças terrificantes e devastadoras.

Compadece-te deles, os dominadores de ontem, hoje reparando, e cuida-te com saúde moral e mental, nunca desanimando ou temendo esse caldo angustiante que logo passará.

A fatalidade é o bem nas suas mais profundas raízes. Contribui para este amanhã, que hoje começa, e faze a tua parte.

ESTERTOR
Ruído da respiração do moribundo.

AGÔNICO
Que se encontra em agonia; com agonia.

COMPADECER
Sentir compaixão (de), condoer-se (de).

REPARAR
Compensar a (alguém ou si mesmo) por dano, prejuízo ou transtorno causado; indenizar(-se), recuperar(-se), ressarcir(-se).

...E, se em algum momento estiveres a ponto de sucumbir ao desânimo ou ao desespero, lembra-te da mulher siro-fenícia portadora de terrível enfermidade que a infelicitava e, vencendo obstáculos quase insuportáveis para receber a ajuda de Jesus, conseguiu alcançá-lO, porém, impedida de receber diretamente o Seu amor, tocou-Lhe as vestes e recuperou-se.

Tenta tocar-Lhe espiritualmente a túnica e sobreviverás às doenças morais, resplandecendo de saúde e de paz.

SIRO-FENÍCIO
Natural ou habitante de uma província romana da Ásia Ocidental, que incluía a Fenícia e os territórios de Damasco e Palmira.

RESPLANDECER
Luzir, brilhar intensamente; rutilar.

Joanna de Ângelis

(Página psicografada pelo médium Divaldo Pereira Franco na sessão da noite de 3 de abril de 2023, no Centro Espírita Caminho da Redenção, em Salvador, Bahia.)

O Evangelho é um poema de luz dedicado à imortalidade, à plenitude da vida após a morte do corpo, seu instrumento de evolução.

Joanna de Ângelis/Divaldo Franco

Capítulo 8

Espírito imortal

Desde priscas eras que o Espírito, mesmo nos primórdios do seu processo de evolução, procurou demonstrar a sobrevivência através dos variados fenômenos paranormais de que se utilizou para entrar em contato inteligente com os caminhantes carnais.

Na intimidade da caverna, ignorando a realidade em que se encontrava envolto, procurou manifestar-se utilizando os fluidos da Natureza e da sua própria constituição.

Manifestações grosseiras apresentaram-se apavorantes na furna, deixando marcas incontestáveis mediante efeitos ectoplásmicos nas escritas e formas rupestres, que nos chamam a atenção pela maneira clara e lúcida das expressões.

O desenvolvimento intelectual permitiu-lhe engendrar a ideia de vida após a desencarnação, e lentamente as crenças fundamentadas em superstições deram lugar às

PRIMÓRDIO
A fase da criação ou do surgimento de (algo); origem, princípio, aurora (freq. us. no pl.).

PARANORMAIS
Que não faz parte dos fenômenos ou experiências normais; cientificamente inexplicado ou inexplicável; sobrenatural.

FURNA
Caverna, gruta, cova.

ECTOPLÁSMICOS
(M.q.) Relativo a ectoplasma (substância supostamente visível que emana de certos médiuns, capaz de produzir materialização do Espírito).

RUPESTRE
Diz-se de inscrições ou desenhos, em rochas ou cavernas, feitos por povos antigos.

ENGENDRAR
Dar existência a; formar, gerar.

questões espirituais brutalizadas, semelhantes aos sacrifícios humanos com o holocausto da própria vida.

HOLOCAUSTO
Ato de abnegar-se; renúncia, abnegação.

Através da História, foi submetendo as ocorrências ao exame da razão, formando escolas de sabedoria nas quais o conhecimento do Além-túmulo auxiliou nos comportamentos sociais e de conduta.

As primitivas instituições passaram a ser de grande valor, e surgiram as escolas de iniciação, oferecendo, entre mistérios e cerimônias, os aglomerados culturais responsáveis pelas diretrizes das massas que passaram dos tronos para os altares de sacrifícios, dando lugar às religiões, que se multiplicaram de acordo com as necessidades e realizações históricas de cada povo.

Com o desenvolvimento cultural e o surgimento da Ciência como um todo de especificações que separavam as necessidades, os valores éticos e filosóficos, tornou-se fácil a análise das informações chamadas de mistérios.

ADVENTO
Aparecimento, chegada (de alguém ou algo).

Com o advento do Cristianismo e de algumas doutrinas orientais, pôde-se estabelecer que a vida é um todo com características bem definidas sobre a morte e sua legitimidade ou não.

O processo de crescimento espiritual do ser humano ofereceu-lhe a instrumentação para a pesquisa, e a mediunidade surgiu como uma função orgânica, separando o *joio* do *trigo*.

INSTRUMENTAÇÃO
Fornecimento de instrumentos para a realização de um trabalho.

O Espiritismo trouxe as respostas lógicas necessárias para o melhor entendimento da jornada humana e quais os recursos utilizados para alcançar a harmonia interior, a solução dos conflitos psicológicos e outros que foram sendo acumulados através dos tempos.

A vida, portanto, não cessa e jamais se aniquila. A Lei de Transformações Moleculares a tudo altera e modifica, trabalhando com os elementos à disposição, inclusive a capacidade de se movimentar e penetrar novas áreas ocultas, que são o Além-túmulo.

Tudo que existe teve um princípio e naturalmente se transfere para outras formas e expressões.

Por mais breve se faça a existência, o seu ponto terminal é o Infinito.

TERMINAL
Que termina, que chega ao fim, ou que marca o fim.

A realidade é, também, sem dúvida, relativa. Aquilo que hoje se apresenta de uma forma e com determinadas características prossegue em contínua modificação, dando lugar a transformações incessantes.

Com Jesus – o excelente Médium de Deus –, aprendemos como fazer para esbater a escuridão e a ignorância.

ESBATER
Atenuar; suavizar.

Quando a morte visitar a tua existência, arrebatando algum ser amado, chore, mas não te desesperes.

ARREBATAR
Levar de súbito.

Esse fenômeno não é uma surpresa na vida de todos, porquanto, desde o momento em que se começa a viver, também se começa a desencarnar. A morte faz parte da vida, e o ser que se desenlaça da matéria obedece à lei, transferindo-se de área. Passou de uma esfera orgânica para outra de natureza energética.

DESENLAÇAR
Desprender(-se), soltar(-se).

Mantém a vinculação afetiva, tenta contatar com esse amor que permanece, redescobre que voltarás a viver e a sentir a sua ternura.

Ele partiu para outra dimensão vinculado àquela em que esteve contigo, mas permanece vivo e atuante, crescendo em valores espirituais transcendentes e ajudando-te também a evoluir.

TRANSCENDENTE
Que excede os limites normais; superior, sublime.

Alonga a tua mente na direção da Imortalidade e alegra-te com a esperança do reencontro.

O amor, em tudo e em todos presente, alimentar-te-á nessa ausência física e nutrirá o viajante querido até o seu momento de despertar além do corpo, vindo confirmar-te a Vida depois da vida...

Nesse ínterim, faze todo o bem que esteja ao teu alcance, sem reclamação ou mágoa do fenômeno que um dia também te alcançará.

ÍNTERIM
Espaço de tempo entre dois fatos, acontecimentos ou situações.

Morrer é viajar de volta à Espiritualidade, de onde todos viemos.

Vive de tal forma que, ao ocorrer a tua desencarnação, experimentes as bênçãos da alegria e da paz pela existência formosa que realizaste.

Não há exceção neste processo de nascer, viver, morrer e renascer sempre.

Quem visse Jesus na cruz, em agonia indefinível, despedindo-se de todos, não poderia imaginar que logo mais estivesse de volta, cantando as delícias do Reino dos Céus e convidando todos a segui-lO.

O Evangelho é um poema de luz dedicado à imortalidade, à plenitude da vida após a morte do corpo, seu instrumento de evolução.

Ama e serve, transformando as tuas horas em bênçãos incessantes, a fim de desencarnares ornado pela alegria da imortalidade.

ORNADO (Fig.) Que foi engrandecido.

Joanna de Ângelis

(Página psicografada pelo médium Divaldo Pereira Franco na sessão mediúnica da noite de 2 de outubro de 2023, no Centro Espírita Caminho da Redenção em Salvador, Bahia.)

Neste Natal, sê feliz pelo bem que podes realizar.

Joanna de Ângelis/Divaldo Franco

Capítulo 9

Natal libertador

Embora a claridade exuberante do Sol na treva moral que envolve a sociedade terrestre, repentinamente se ouve o clamor terrível:

– *Guerra! Guerra!...*

O hediondo monstro da guerra é libertado da masmorra onde se encontrava prisioneiro e começa o programa destrutivo que lhe diz respeito.

O solo para a sementeira de vida encharca-se de sangue; sob os escombros dos edifícios desmoronados apodrecem os cadáveres, e sobrevoam as cidades e o campo as aves metálicas agourentas, com os seus voos malignos e destrutivos.

Mais uma vez, a sociedade, ávida de luxúria e sedenta de poder temporal, alarga a sua alucinação na ânsia incontrolada do aniquilamento e sombrias devastações.

As lições terríveis do passado, heranças malignas de outras guerras, não servem de advertência. O desvario é longo e calamitoso.

CLAMOR
Barulho causado por muitas vozes; gritaria.

MASMORRA
(Por ext.) Prisão subterrânea.

ÁVIDO
Cobiçoso de riquezas; ambicioso, avarento, mesquinho.

CALAMITOSO
(Por ext.) Infeliz, desgraçado; que traz ou sofre aflição, dor, tristeza, amargura.

Ontem, no passado distante, antes de Jesus, os povos amontoavam-se, organizavam-se, cresciam, e, em vez de desfrutar das conquistas da beleza e da arte, atiravam-se cidades contra cidades, na ambição descabida de domínio.

DESCABIDO Que é fora de propósito; impróprio, inoportuno.

As guerras eram duradouras, selvagens.

As nações que se engalfinhavam nas lutas eram consumidas pelas labaredas dos ódios dos conquistadores e os seus povos eram arrastados à escravidão e ao horror da perda de tudo, até mesmo o direito de viver.

ENGALFINHAR Atracar-se em luta corpo a corpo; bater-se, medir-se, pegar-se.

Quando eram rápidas, faziam-se cruéis; quando longas, implacáveis...

Desconheciam-se a misericórdia e a compaixão, não passando as criaturas de animais de serviço destruidor.

Depois d'Ele, que abriu os horizontes à civilização, mediante a educação dos sentimentos, a inteligência enfloresceu o mundo até o momento em que as ambições desordenadas levaram-no à repetição dos embates pelo poder sanguissedento, e novas guerras surgiram dolorosas, terríveis, contínuas, quais a dos Trinta Anos e a dos Cem Anos...

ENFLORESCER (Fig.) Desenvolver-se, medrar.

SANGUISSEDENTO Que tem sede de sangue, que se deleita em ver ou derramar sangue; sanguinário.

O ser humano era servo das paixões dos dominadores guerreiros que se refestelavam na crueldade, até quando outros mais perversos lhes tomavam os tronos, despedaçando-lhes o poder mentiroso.

REFESTELAR Comprazer-se, deleitar-se.

Chegou a Ciência ao mundo e seus mistérios passaram a ser conhecidos, dignificando a Humanidade. Logo, porém, utilizaram as bênçãos do conhecimento em armas perigosas, salvo algumas exceções.

Quando a razão apresentou a vida com fundamentos reais, as religiões que mantinham as criaturas na ignorância utilizaram várias vezes os primeiros recursos das guerras para continuar na alucinação de comandar as vidas.

Surgiu, então, o Espiritismo e descortinou a realidade do existir mediante o conhecimento da Imortalidade, o que não foi suficiente para deter a fera que dominava as gerações.

O Espiritismo trouxe a bandeira da paz para ser desfraldada nos corações e nas inteligências, mas os Espíritos guerreiros, responsáveis por sofrimentos e batalhas, voltaram ao campo da sociedade aturdida e desorientada...

Mais uma vez, Jesus foi relegado a plano secundário. Quando, como agora, passa a ser espezinhado, as trevas se adensam, e o dragão prisioneiro rompe os grilhões e ameaça o mundo de destruição.

Há dores em toda parte. Em todo lugar, os Espíritos clamam pela paz e pretendem que seja vivida. No entanto, a queda moral contra Suas lições de tal forma passou a dominar a *Cristandade* que se torna alimento para os desastrados através dos massacres, da guerra.

Não te deixes contaminar pelo bafio pestilento das licenças morais, nem pela tirania dos fomentadores de guerras domésticas e de todo porte.

Aguarda o próximo Natal.

Espera Jesus de volta.

Ele Se compadece do mundo em chamas e das vidas em extinção.

DESCORTINAR
Tornar patente; demonstrar, expor, patentear.

DESFRALDAR
Espalhar (notícia, palavras etc.); divulgar.

ATURDIDO
Com a mente ou os sentidos perturbados; atordoado, desnorteado, tonto.

RELEGADO
Que foi desprezado; posto em segundo plano.

ESPEZINHADO
(Fig.) Humilhado, aviltado, ofendido.

ADENSAR
Tornar(-se) mais denso, mais espesso, mais compacto.

DRAGÃO
Em linguagem mística (esp. bíblica), ser que simboliza o poder do mal; diabo, demônio.

BAFIO
Cheiro peculiar ao que é ou está úmido ou privado de renovação do ar; bolor, mofo.

PESTILENTO
Que produz exalações nocivas à saúde; fétido, infecto.

FOMENTADOR
Instigador, incitador, estimulador.

Prepara-te para recebê-lO e reafirmar os teus laços de segurança e afinidade com Ele.

Este é o teu Natal libertador. Mesmo que ainda haja guerra, sê paz, oferta-a e constrói o mundo de fraternidade e de bênçãos.

Neste Natal, sê feliz pelo bem que podes realizar.

Joanna de Ângelis

(Página psicografada pelo médium Divaldo Pereira Franco na sessão mediúnica da noite de 14 de outubro de 2023, no Centro Espírita Caminho da Redenção, em Salvador, Bahia.)

Na alegria ou na tristeza, na saúde ou na enfermidade, a prece pode ser a melhor companheira mental para o estado de equilíbrio do indivíduo.

Joanna de Ângelis/Divaldo Franco

Capítulo 10

Confia e faze o melhor

Gostarias de remontar à fonte dos acontecimentos a fim de melhor entender os problemas e desafios que te visitam com frequência.

REMONTAR
Voltar, recuar (no tempo, ao passado).

Se acreditas na imortalidade do Espírito e, por efeito, na reencarnação, bastam as informações gerais que tens dessas leis, do seu programa, comportando-te de maneira edificante, a fim apresentares crédito moral para ser feliz.

Não poucas vezes o conhecimento de uma existência é suficiente para equacionar a razão e todos os demais problemas que te afligem.

EQUACIONAR
Orientar (solução) por meio da disposição dos elementos, dos dados de um problema.

AFLIGIR
Causar aflição a; atormentar(-se).

O processo de elevação espiritual é lento, facultando a aquisição de valores que resistam às provas e expiações do caminho redentor.

REDENTOR
Aquele que redime, liberta.

A lógica dos fatos te demonstrará a realidade dos acontecimentos como obediência a uma lei inamovível da vida.

Assim, raciocina a respeito da excelência das existências sucessivas, que permitem o crescimento interior mediante o esforço de autoiluminação.

Não te preocupes em saber quem foste neste ou naquele período, porque ele é somente uma página do livro da evolução.

O que importa é o significado das ações em relação aos Códigos da Justiça Divina.

A cada ação uma reação equivalente ou de efeito oposto às aspirações do desenvolvimento intelecto-moral.

Compreenderás que podes viver relativamente feliz se entenderes o renascimento corporal, que é o responsável pela forma como vives.

As tribulações são exercícios de reparação a que todos nos encontramos submetidos em razão do nosso livre-arbítrio.

Nada existe que não tenha a sua origem e as idênticas consequências de natureza espiritual.

As Leis de Deus estão impressas na consciência humana e nos fatores mesológicos nos quais nos encontramos.

Neste sentido, deves observar os recursos que te assinalam a caminhada e agir de maneira que possas olhar para trás sem constrangimentos.

Não te deixes contaminar pelos veículos de perturbação, vigiando para permanecer à margem dos regatos de águas tranquilas, ao invés dos córregos agitados, em perigo eminente de afogamento nos torvelinhos das correntezas violentas.

Se te habituas a viver em conflitos contínuos, claro está que dificilmente conseguirás acalmar as ânsias do coração e as aspirações da existência.

Segue em paz, pelo menos mantendo o pensamento em equilíbrio.

TRIBULAÇÃO
(M.q.) Atribulação; acontecimento desagradável, penoso; agrura, adversidade.

LIVRE-ARBÍTRIO
Possibilidade de decidir, escolher em função da própria vontade, isenta de qualquer condicionamento, motivo ou causa determinante.

MESOLÓGICO
Relativo a mesologia (ciência que estuda as relações dos seres vivos entre si ou com o meio orgânico ou inorgânico no qual vivem).

REGATO
Corrente de água pouco volumosa e de pequena extensão.

CÓRREGO
Pequeno rio com fluxo de água bastante tênue; corgo, riacho.

TORVELINHO
Movimento de rotação rápido e em espiral; redemoinho, remoinho, torvelim.

A vida física deflui das construções do Espírito imortal.

Cria o hábito da comunhão com Deus através da oração, produzindo um clima mental de harmonia íntima.

Narra-se que uma paciente idosa profundamente reconhecida falou ao seu médico que houvera feito um depósito bancário em seu nome como retribuição a todo o seu devotamento para com os clientes de que cuidava.

O médico ruborizou-se e agradeceu algo canhestramente, jamais imaginando que uma pessoa desejasse agradecer-lhe de maneira tão singular.

Passaram-se os meses e, certo dia, o esculápio foi notificado pela polícia de que seu filho de 15 anos, voltando de bicicleta para casa, fora vítima de um acidente grave e, de imediato, conduzido para a UTI do hospital da cidade.

O pai, notificado de que o delegado iria buscá-lo, foi tomado de grande expectativa para estar junto do filho e, porque demorasse, a aflição demasiada fê-lo proclamar, embora suas teorias materialistas:

– *Meu Deus! Eu rogo pela salvação do meu filho.*

E, lembrando-se da paciente generosa e portadora de fé, declarou entre lágrimas:

– *Ajuda meu filho e eu te darei tudo quanto essa devota depositou em meu nome, no teu banco da Providência Divina.*

Logo depois, chegou o delegado de polícia e disse-lhe algo desconcertante:

RUBORIZAR
Fazer corar ou corar, devido a constrangimento, indignação, timidez etc.; ter pudor; envergonhar(-se).

CANHESTRAMENTE
De modo canhestro (com vergonha, timidez).

ESCULÁPIO
(M.q.) Médico.

DEMASIADO
Excessivo, exagerado.

ROGAR
Suplicar, implorar, instar.

DESCONCERTANTE
Que desconcerta, desorienta; desconcertador.

– Sigamos com calma, porque milagrosamente o seu filho, que estava inconsciente, acaba de despertar. Constataram que houve apenas ligeiras escoriações e ele está bem-disposto.

ESCORIAÇÃO
Ato ou efeito de escoriar(-se); esfoladura, ferimento.

BEM-DISPOSTO
Em bom estado de ânimo e de saúde.

O médico não pôde ocultar a sua surpresa e, interiormente, sem que o outro percebesse, agradeceu ao Senhor da Vida pela generosa interferência.

A prece, mesmo em depósito bancário, sempre rende juros, porque aquele que a ela recorre ou por ela é beneficiado haure bênçãos inimagináveis.

HAURIR
Tornar-se pleno de, recolher em si.

No entanto, é necessário compreender que a oração não é um mecanismo de ocasião através do qual se consegue amealhar benefícios.

AMEALHAR
(Fig.) Acumular, juntar, enriquecer a existência com.

A sua finalidade precípua é criar uma psicosfera de harmonia em torno daquele que se permite fruir as vibrações celestiais do ato da oração.

PRECÍPUO
Mais importante; principal, essencial.

PSICOSFERA
Atmosfera psíquica ou campo de influência mental.

O seu périplo carnal, por mais longo lhe pareça, é de breve duração. Tem por finalidade disciplinar-lhe a mente e contribuir para que as emoções estejam sempre em equilíbrio. Todo aquele que ora experiencia vibrações suaves que constituem alimento psíquico para o Espírito.

PÉRIPLO
Longa viagem.

Não é necessário que te utilizes de palavras cabalísticas, de textos de complexa elaboração ou de repetição automática. Orar é abrir a *boca da alma* para poder falar com Deus.

CABALÍSTICO
(Fig.) Que é ou tem significado oculto, secreto ou misterioso; enigmático, incompreensível.

O Universo é uma oração de júbilo ao seu Criador.

Na alegria ou na tristeza, na saúde ou na enfermidade, a prece pode ser a melhor companheira mental para o estado de equilíbrio do indivíduo.

Jesus sempre orava. Ele compreendia que a prece é a ponte mais direta de vinculação com o Pai.

Desse modo, não vaciles entre o que deves e te compete fazer, que é a oração, para que nenhuma sombra perturbe a visão clara da vida no seu processo de desenvolvimento espiritual.

COMPETIR
Ser devido ou de obrigação; caber, cumprir.

Fazer o mínimo que seja é uma maneira de contribuir em favor da Humanidade feliz, portanto, não te escuses de ser um construtor do futuro.

ESCUSAR
Dispensar-se de fazer algo, por desnecessário.

Joanna de Ângelis

(Página psicografada pelo médium Divaldo Pereira Franco no dia 23 de outubro de 2023, na sessão mediúnica do Centro Espírita Caminho da Redenção, em Salvador, Bahia.)

Reaprende a viver segundo os Códigos da Natureza ou Códigos da Vida.
Colherás conforme semeares.

Joanna de Ângelis/Divaldo Franco

Capítulo 11

Bem maior

Às vezes, a dor, para ter diminuídos os seus infortúnios, exige coragem e confiança em Deus e no futuro.

INFORTÚNIO
Má fortuna; adversidade, desdita, infelicidade.

Toda obra de aperfeiçoamento impõe esforço na sua realização.

Quanto mais delicada e rica de detalhes, mais complexos os cuidados que exige para ser realizada.

Em todas as esferas do sofrimento defrontamos a presença do sacrifício que pede paciência para concluir o empenho, proporcionando alegria antecipada à sua conclusão.

DEFRONTAR
Ver-se frente a frente; topar; deparar.

O processo de evolução é natural e inevitável em toda parte. No entanto, porque normalmente a criatura é constituída mais por sensações do que emoções, já que ainda renteia mais com as paixões violentas e destrutivas do que as aspirações da beleza e da abnegação, mais se afeiçoando aos impositivos dos vícios aos quais se algema, inevitavelmente programando aprisionamento demorado, mais ressaltam as desordens e as amarguras do que o equivalente em harmonia. Por essa razão, afirma-se que a sociedade presente, enlouquecida, trabalha em favor do caos social e humano.

RENTEAR
(M.q.) Rentar (cortejar; galantear).

Certamente, essas conquistas são mais difíceis para os habitantes da Terra.

Não obstante as inigualáveis conquistas que assinalam este momento, há causas lamentáveis e efeitos perturbadores que enxameiam a desordem, a malquerença, as lutas incessantes pela predominância da natureza animal sobre a natureza espiritual.

A herança ancestral, graças ao processo evolutivo, é de agressividade, de desamor, de estranheza...

O mundo físico está em ajustamento das suas grandiosas camadas, e as forças em litígio estão estruturando outras expressões favoráveis à organização que se lhes encontram em germe, qual árvore gigante na sua semente.

Há luz, embora predominem as trevas tenebrosas.

Os ajustamentos naturais dos elementos terrestres tornam-se mais adequados à identificação universal, e o ser humano avança em consciência qual o magma e os demais elementos se exteriorizam e tomam diferente forma.

Tudo está em ebulição, e acima do existente paira o soberano Amor de Deus.

As minipartículas do Pensamento Divino a tudo atendem para a fatalidade cósmica da consciência universal na exaltação do bem e da paz.

DESAMOR Perda ou ausência de amor; desafeição, desprezo, indiferença.

LITÍGIO (Fig.) Conflito de interesses; contenda, pendência.

TENEBROSO (Fig.) Que provoca horror; terrível, medonho, assustador.

PAIRAR (Fig.) Estar sobranceiro, dominar do alto.

Reaprende a viver segundo os Códigos da Natureza ou Códigos da Vida.

Colherás conforme semeares.

Joanna de Ângelis

(Página psicografada pelo médium Divaldo Pereira Franco, sem identificação de data, em Salvador, Bahia.)

Amigos espirituais que auxiliam o progresso da sociedade utilizam-te nas realizações coletivas, objetivando a paz e suas bênçãos.

Joanna de Ângelis/Divaldo Franco

Capítulo 12

Advertência da paz

Agora, quando te resolveste por antecipar o desafio da evolução, sentes dificuldades estranhas a embaraçar-te as ações do bem.

Pequenos acontecimentos surgem sem lógica, afligindo-te e adicionando irritabilidade ao teu comportamento.

Sentes influências espirituais perniciosas que insistem em perturbar-te a casa mental, transmitindo-te mau humor.

PERNICIOSO
Que faz mal; nocivo, ruinoso.

Percebes que o teu rendimento de trabalho não é suficiente para harmonizar-te e ficas aturdido ante o volume de pequenos deveres que te exigem a atenção, roubando-te o tempo que utilizarias em mais graves cometimentos.

COMETIMENTO
Ação de cometer; cometida; ato praticado.

Observas outras pessoas, que são menos esclarecidas moral e espiritualmente, e as vês alegres, joviais, aliviadas de cansaço e de tensões.

Enganas-te, no entanto, na tua observação, porquanto a maioria é constituída por almas crucificadas nas

TRAVE
Peça de madeira comprida e de grande secção; viga; barrote.

traves de tormentos inimagináveis, que buscam disfarçar com certa habilidade.

Os teus são compromissos especiais.

A tua história é única e a estás escrevendo e reescrevendo em condições próprias, conforme estabelecido.

Embora os desafios, estás desempenhando bem a tarefa na qual te encontras.

Foste preparado para este ministério de reabilitação e de construção do verdadeiro bem.

Assim, não esperes compreensão sempre, nem te acredites sempre com a razão.

Os desafios constituem fases, períodos que te cabem superar, sendo fiel à meta que deverás alcançar.

Estes são dias de redenção da Humanidade e estás inscrito a contribuir com os teus melhores recursos, sem desânimo nem amargura.

DESCALABRO
Estado de decadência; queda, ruína.

No livro da tua história estão impressas páginas de descalabro e de aflição que impõem confronto com as suas consequências, a fim de que triunfes com mais refinamento e bênçãos.

DESOLAÇÃO
Grande aflição causada por desgraça ou infortúnio; tristeza, consternação.

A ignorância em torno da imortalidade responde pelo atraso espiritual do planeta neste severo período de desolação e sofrimento.

Amigos espirituais que auxiliam o progresso da sociedade utilizam-te nas realizações coletivas, objetivando a paz e suas bênçãos.

AUSTERO
Que é sóbrio e despojado.

Dulcifica o teu coração e mantém a tua conduta dentro das linhas austeras do pensamento cristão.

Sempre ativo, não deixes que a mente se perca em devaneios perniciosos e perturbadores!

Neste fogaréu de loucuras que tomou a Terra, há uma verdadeira multidão de servidores abnegados, os quais laboram em favor do futuro: são os obreiros do Senhor!

LABORAR
Trabalhar, obrar; fazer, realizar.

Ele prometeu estar sempre conosco e jamais nos deixa a sós.

Nenhum mal te aflija, e o sabor da caridade adoce o teu espírito nos momentos mais difíceis e graves.

Há blasfêmia em quase toda parte, revolta e desespero.

BLASFÊMIA
Afirmação absurda; contrassenso, disparate.

Mas também, além das nuvens carregadas, brilha o Sol, e o infinito encanta.

Dá-me tua mão e avancemos com Jesus.

Joanna de Ângelis

(Página psicografada pelo médium Divaldo Pereira Franco em 4 de março de 2024, na reunião mediúnica do Centro Espírita Caminho da Redenção, em Salvador, Bahia.)

A tua tarefa, portanto, não terminará nem mesmo quando alcançares o triunfo sobre as ilusões do corpo físico, auxiliando os irmãos da retaguarda a encontrarem a harmonia de que têm necessidade.

Joanna de Ângelis/Divaldo Franco

Capítulo 13

Fiel até o fim

Todo ideal de enobrecimento exige esforço, renúncia, devotamento contínuo, a fim de ser alcançada a meta a que se propõe.

Tendo por objetivo a imortalidade do Espírito, mais complexo se torna o labor em face do corpo orgânico, que obstaculiza a percepção da realidade transcendente.

Mergulhado na organização celular, o Espírito encharca-se da realidade aparente e apega-se ao invólucro material, assim como a tudo quanto fere os sentidos.

OBSTACULIZAR
Interpor obstáculo a; impedir, dificultar, complicar.

INVÓLUCRO
Aquilo que serve ou é us. para envolver, cobrir; envoltório, envólucro, cobertura, revestimento, involutório.

À medida, porém, que a mente emerge através do cérebro e apresenta os painéis da Espiritualidade, produz uma sensibilidade generalizada que faculta a capacidade de maior penetração na face oculta da vida.

Inevitavelmente, advêm os benefícios decorrentes da esfera em que se situa o pensamento, haurindo energias benéficas.

No entanto, essa recorrência deflui das ideias que se fixam, facultando a absorção das ondas de que se constitui.

Em razão dos renascimentos a que se é submetido pelo processo da evolução, cada qual experimenta as heranças da jornada vivida, o que lhe impõe sintonia mental com o contributo saudável ou pernicioso.

Essa ocorrência pode dar-se de maneira automática no caso de o espólio herdado ser negativo e perturbador.

ESPÓLIO
Aquilo que é deixado para alguém; herança.

Graças à contribuição do Espiritismo, que esclarece tais fenômenos, pode-se desfrutar de belos potenciais assim como de pesadas culpas e tormentos que dão lugar a fenômenos obsessivos.

Todavia, o Amor de Deus, conforme acentuou Jesus, é inexcedível e oferece recursos terapêuticos e misericordiosos que modificam o quadro obsessivo.

INEXCEDÍVEL
Que não se pode exceder, ultrapassar.

Cabe, desta forma, a todos aqueles que são alcançados pela reveladora luz do conhecimento cultivar as experiências iluminativas através da comunhão com essas forças vivas do Mundo espiritual.

Se te encontras inspirado pelas claridades do Evangelho de Jesus, esforça-te para consagrar tempo e ocasião para a divulgação da mensagem altaneira e libertadora.

CONSAGRAR
Dedicar, destinar (algo) a (certo fim).

ALTANEIRO
Que se eleva muito, que permanece em grande altura.

Perceberás que esse empenho irá contribuir em favor da tua harmonia íntima e da tua saúde integral, sob a inspiração de verdadeiros anjos da bondade que te envolverão em bênçãos relativas ao Supremo Bem.

Também compreenderás que outros Espíritos que se demoram na ignorância conspiram contra o teu progresso e fazem-se naturais adversários do teu ministério.

Criarão impedimentos à realização do processo abençoado; criarão situações infelizes, porque, desdenhando o conhecimento das verdades, acreditam-se senhores da vida e nutrem-se das energias dos seus dependentes, dos quais não se compadecem.

Pelo contrário, sentem-se felizes por gerar perturbação e terror.

O próprio Jesus os enfrentou em diversas ocasiões e no túmulo em Jerusalém; quando da sua prisão, foi também assistido por verdadeiras hostes do mal, que tentaram impedir-Lhe a missão sublime.

HOSTE
(Fig.) Multidão; bando.

Ignoravam que aquela hedionda manifestação de ódio, contra quem somente o amor vivera, fazia parte do Seu programa de construção da Era Nova.

Não cessavam de O afligir e gerar problemas de comportamento na massa que O seguia.

Através dos séculos, deram prosseguimento à sua perseguição infamante, adulterando os Seus ensinamentos de forma que fosse modificada a estrutura da mensagem toda feita de amor e de misericórdia.

INFAMANTE
Que infama; que lança ou impõe desonra.

O ódio sempre foi o seu instrumento, separando os indivíduos, incendiando as nações com a ilusão do poder que o túmulo sempre interrompe e anula.

No período apostólico, almas de escol, ao expandir os Seus ensinamentos, sofreram o holocausto pela perseguição dos alucinados, de modo a gerar a época do amor em expansão no mundo.

ESCOL
O que é considerado melhor, de maior qualidade, numa sociedade ou num grupo; elite.

A sucessão de suas interferências na beleza da Mensagem de Jesus e a ingerência e perversidade foram aplicadas para que houvesse a mudança da vivência.

Como Ele sabia da fragilidade humana em época semelhante àquela em que viveu, os céus se abriram, o Espírito de Verdade retornou, trazendo as sublimes dádivas do Mais-além para amparar a Humanidade em suas provações.

Agora, quando a luz se expande qual ocorreu naquele período, estás convidado a contribuir de alguma forma em favor do novo tempo...

Passadas as dores superlativas destes dias de hostilidades e de loucuras, o amor se utilizará da caridade para a redenção dos infelizes numa Terra em regeneração.

Certamente muitas aflições terão lugar, em tentativas constantes não só para impedir a renovação social como para evitar que se concretize.

Sê fiel e persevera sem cansaço.

Não temas as artimanhas do mal, sempre transitórias, enquanto o bem, de caráter divino, é permanente.

Foste chamado nesta hora de rebeldia e de vulgaridade.

Sofres nas *carnes da alma* as investidas das elites perversas, mas não te deixes abater nem pensar em desistir.

Aonde vás encontrarás o destino trabalhando na teia para a fatalidade da tua evolução.

Nada te desvie do trabalho santificante. Mesmo que em alguns momentos sinta-se desfalecer, ergue-te e continua cantando e sorrindo a sinfonia da Verdade, que já está sendo implantada no coração e na vida das massas que passam a sentir saudade de Jesus.

DESFALECER (Por ext.) Diminuir em força, disposição; enfraquecer, esmorecer, fraquejar.

Dia não distante, quando estejas acabrunhado ou solitário, o anjo bom da desencarnação apresentar-se-á convidando-te a marchar no rumo do Reino dos Céus.

ACABRUNHADO
Que está ou ficou abatido; prostrado; entristecido.

Fidelidade, pois, quando a sociedade cambaleia, os valores perdem seu sentido e as criaturas humanas transformadas em robôs de prazeres mentirosos começarem a voltar-se para o Evangelho.

CAMBALEAR
Pender para um lado e para o outro; ficar sem equilíbrio ou estabilidade; balançar, oscilar.

A tua tarefa, portanto, não terminará nem mesmo quando alcançares o triunfo sobre as ilusões do corpo físico, auxiliando os irmãos da retaguarda a encontrarem a harmonia de que têm necessidade.

Joanna de Ângelis

(Página psicografada pelo médium Divaldo Pereira Franco na sessão mediúnica de 17 de abril de 2024, no Centro Espírita Caminho da Redenção, em Salvador, Bahia.)

Conserva o otimismo em todas as situações, porque pertence ao exercício mediúnico do Evangelho na Terra, é bênção de relevante significado.

Joanna de Ângelis/Divaldo Franco

Capítulo 14

Mediunidade

A mediunidade é uma faculdade do Espírito que no corpo se reveste de células para facilitar o intercâmbio espiritual entre os encarnados e os desencarnados.

Considerada no passado pelos cientistas uma enfermidade da mente, e um distúrbio espiritual para os religiosos, o Espiritismo demonstrou ser ela um sexto sentido a serviço da evolução.

ENFERMIDADE
Que está ou ficou abatido; prostrado; entristecido.

Causadora de distúrbios físicos, psíquicos e emocionais quando descuidada, é fonte de sabedoria e veículo de bênçãos pelos recursos que oferece na área dos fenômenos paranormais, ampliando os tesouros de ascensão do Espírito a outras dimensões transcendentais.

Todo aquele que apresenta a sintomatologia mediúnica deve aprofundar o conhecimento em torno das inestimáveis contribuições que dela se derivam.

Não sendo a morte o término da vida, mas a sensação dos fenômenos humanos, a mediunidade propicia

SINTOMATOLOGIA
Estudo e interpretação do conjunto de sinais e sintomas observados no exame de um paciente.

INESTIMÁVEL
Inapreciável, incalculável.

DERIVAR
Ser proveniente; ter origem; proceder.

mais real conhecimento dessas regiões fora daquela em que os seres se movimentam.

Como procede do Espírito e faz parte dos seus equipamentos, possui tesouros que a pouco e pouco se vão exteriorizando sob o aspecto aprazível do bem ou das aflições e doenças de complexa recuperação.

A educação, pois, da mediunidade através do exercício da sua fenomenologia é regra básica para uma conduta salutar e benéfica.

Como as regiões vibratórias que vigem no Universo às vezes se confundem, ao médium se recomenda conduta moral saudável a fim de facultar-lhe o intercâmbio promissor, no qual os Espíritos nobres e responsáveis pelo progresso se comuniquem, contribuindo de maneira eficaz para a harmonia geral e a felicidade humana.

Nenhuma regra mais segura existe do que a vivência dos ensinamentos de Jesus no seu Evangelho, elevando os pensamentos humanos a esferas de relevante amor e comportamento caridoso.

Os portadores das virtudes espirituais mais facilmente se transformam em instrumentos de qualidade pelos recursos de que dispõem e colocam para a própria e a alegria geral.

No sentido inverso, quando o médium é moralmente descuidado e se permite conduta lamentável, atrai Espíritos semelhantes que o obsidiam e tornam-lhe a existência terrena um verdadeiro caos.

Mediunidade e conduta são, desse modo, de igual valor em face do tom vibratório enquanto se manifestam; embora a mediunidade possa apresentar-se de maneira

APRAZÍVEL
Que apraz, que causa prazer; agradável.

FENOMENOLOGIA
Descrição filosófica dos fenômenos, em sua natureza aparente e ilusória, manifestados na experiência aos sentidos humanos e à consciência imediata.

SALUTAR
Edificante, construtivo.

VIGER
Ter vigor, estar em vigor; ter eficácia, vigorar.

OBSIDIAR
Estabelecer cerco para impor sujeição a; sitiar, assediar; importunar insistentemente; perturbar, molestar.

ruidosa, com desgastes, também se apresenta sutil e delicada, solicitando atenção na sua experiência.

Cuida de bem concentrar-te nas comunicações espirituais, a fim de que a dúvida e seus derivados, bem como seus afins, não te causem incertezas.

Quando tal se der, consulta o teu íntimo e deslinda os problemas que te estão envolvendo, trabalhados por Entidades inferiores que desejam o teu insucesso.

Para que consigas êxito, aferra-te à oração, que te vinculará às Fontes Divinas da Providência, ofertando saúde e paz em teu benefício.

Nunca deixes de ajudar o teu próximo de qualquer maneira, tornando-o teu irmão de caminhada.

Cada dia vences uma etapa do teu processo de evolução, superando um período, um padecimento, qualquer incidente perturbador.

AFIM
Que tem afinidade, semelhança ou ligação; afínico.

DESLINDA
Efetuar a separação de (uma ou mais coisas de outras); separar, apartar.

AFERRAR
(Por mtf.) Agarrar-se, apegar-se, ater-se, devotar-se.

PADECIMENTO
Ato ou resultado de padecer; dor, sofrimento (físico ou moral).

Renasceste para a vitória sobre a noite das paixões.

Acende a luz da alegria benéfica onde estejas, por onde passes.

Se erras, recupera-te. Se acertas, compromete-te.

Nunca penses que é tarde. Recomeça sempre que hajas estacionado, porque as oportunidades nunca faltam.

Não postergues a ocasião de estudar-te, de entender o *milagre* da mediunidade, sobretudo servir, em cujo labor adquirirás as bênçãos da harmonia como retorno dos esforços na seara do intercâmbio.

POSTERGAR
Deixar para depois; adiar.

SEARA
Área de interesse ou atividade.

O médium é instrumento da vida para o desenvolvimento do ser, já que permite o trânsito tranquilo pelo Infinito.

Todos os seres humanos são médiuns em diferentes graus de desenvolvimento, porque, de alguma forma, a reencarnação é um fenômeno em que o desencarnado movimenta-se no corpo físico por um período próprio para a evolução...

Se a mediunidade te propuser alguns sofrimentos, confia e prossegue, porque eles fazem parte dos teus resgates na trilha da evolução.

Conserva o otimismo em todas as situações, porque pertence ao exercício mediúnico do Evangelho na Terra, é bênção de relevante significado.

Assim, abençoa tua mediunidade com as dádivas do trabalho e permanece fiel até o teu momento de libertação.

Fazendo-se uma busca antropológica retrospectiva, encontraremos essa peregrina faculdade nos biótipos mais recuados do nosso processo evolutivo. O homem primitivo já era instrumento dos primeiros fenômenos que o despertaram para a crença na imortalidade da alma e nas sucessivas reencarnações.

Com denominações diferentes, todos os povos, desde os primórdios da evolução, foram instrumentos de fenômenos da imortalidade, da reencarnação.

As escritas rupestres dão-nos notícias da vida além da decomposição carnal, o que contribuiu de maneira expressiva para as conquistas do pensamento e da sabedoria.

ANTROPOLÓGICO
Relativo a antropologia (ciência do homem no sentido mais lato, que engloba origens, evolução, desenvolvimentos físico, material e cultural, fisiologia, psicologia, características raciais, costumes sociais, crenças etc.).

RETROSPECTIVA
Relato de uma série de acontecimentos decorridos durante certo período; retrospecto, retrospecção.

PEREGRINO
Que ou o que é de qualidade excepcional.

BIÓTIPO
Grupo de indivíduos que têm uma origem comum e possuem as mesmas estruturas de fatores hereditários.

RECUADO
Afastado no tempo; distante.

PRIMITIVO
Contemporâneo dos primeiros tempos de uma civilização; antigo, ancestral, remoto.

DECOMPOSIÇÃO
Ação, processo ou efeito de decompor.

Ainda hoje encontramos em civilizações primitivas os mesmos fenômenos que vibram em ressonância e identidade nas demais manifestações dos tempos modernos.

Independentemente de crença, as manifestações mediúnicas induziram, no passado, o ser humano ao culto religioso, variando de expressões entre as diversas etnias e raças.

INDUZIR
Ser causa ou motivo de; inspirar, provocar.

Nos primórdios da cultura grega como de outros povos, não podemos olvidar as manifestações espirituais através dos sensitivos que passaram a ser cultuados de uma ou de outra maneira.

Allan Kardec teve a elevada missão de reunir os ensinamentos dos imortais, baseando-se essencialmente na Mensagem de Jesus para a redenção da criatura humana, porque o Seu Evangelho é uma formosa coletânea de lições de insuperável sabedoria. Ele próprio, após a sua morte, teve oportunidade de retornar ao seio dos amigos para sustentá-los e confirmar tudo aquilo que lhes houvera ensinado durante o ministério da sua convivência.

SEIO
(Fig.) Intimidade, privança, familiaridade.

Procura sintonizar o teu pensamento com a Verdade e ela se te apresentará com uma grande esperança da vida em triunfo após a jornada fisiológica.

Médium que és, estás convidado para fazer parte da legião de gloriosos lutadores do bem, do amor e da caridade.

FISIOLÓGICO
Relativo a fisiologia (estudo das funções e do funcionamento normal dos seres vivos, esp. dos processos físico-químicos que ocorrem nas células, tecidos, órgãos e sistemas dos seres vivos sadios; biofisiologia).

Joanna de Ângelis

(Página psicografada pelo médium Divaldo Pereira Franco na sessão mediúnica de 4 de dezembro de 2023, no Centro Espírita Caminho da Redenção, em Salvador, Bahia.)

Repete mil vezes o tentame de ser feliz e notarás que o próprio trabalho em favor da tua libertação íntima do mal já é o início da felicidade.

Joanna de Ângelis/Divaldo Franco

Capítulo 15

Revolução do amor

Agora, quando já estás informado sobre a imortalidade da alma, compete-te o dever de reflexão em torno da existência fora do corpo.

De igual maneira aos procedimentos quando no veículo carnal, também perceberás que as necessidades orgânicas mudaram na maneira de se expressar, atuando, porém, em outra intensidade vibratória.

Perceberás que o mundo terreno é uma cópia imperfeita no qual te encontras vivo e raciocinando, porém, com os hábitos arraigados, sobrepondo-os aos desejos espirituais.

ARRAIGADO
Gravado na memória, nos costumes, na cultura do indivíduo ou da coletividade de forma a ser impossível esquecer, superar ou deixar de lado.

Alguns condicionamentos funcionarão como verdadeiras fixações a manter essas impressões afligentes, que são terrivelmente perturbadoras.

Observarás que determinados hábitos a que te apegas permanecem dominadores, submetendo-te a sofrimentos que são muito complexos nas telas do ser.

Sentirás dificuldade de expandir o pensamento, porque, de acordo com a tua sintonia moral, atrairás aquilo que gostarias de evitar, mas que era o teu alimento, a tua viciação.

Não poucas vezes pensarás no corpo que se diluiu, desapareceu, mas manterás impressões perturbadoras e com certeza serás igualmente dominado por outros semelhantes que constituem a população dos infelizes da Erraticidade.

Graças ao conhecimento da reencarnação, perceberás que muitos dos teus problemas na Terra são fruto de condutas passadas que se transformaram em algozes da tua existência.

Lamentarás os desvios a que vinculastes a jornada e te darás conta dos tormentos gerados pelas paixões inferiores, aquelas que alucinam na surdez da sua perseguição.

A vida é uma abençoada chance de evoluir a partir do princípio psíquico das estrelas luminíferas.

Etapa a etapa, o psiquismo desata as fixações transcendentes que dormem no ser íntimo e o aprimoram através de experiências novas.

A *Divina Fagulha*, quando se encontra em toda a sua grandeza, a pouco e pouco se vai refinando, até alcançar o fulgor das galáxias.

Procura, desse modo, identificar o Amor Divino e dispõe-te à sua revolução, de modo que um dia, qual aconteceu a Paulo, já não serás tu quem vive, mas Cristo que está no teu coração.

VICIAÇÃO
Ato ou efeito de tornar(-se) moralmente decadente; corrupção, depravação.

ERRATICIDADE
Estado fora da matéria, não circunscrito nem localizado, onde encontram-se os Espíritos depois de desencarnados.

ALGOZ
(Fig.) Aquilo que aflige ou atormenta.

LUMINÍFERO
Que tem luz, em si, que a gera, que a produz.

DESATAR
(Fig.) Encontrar solução ou elucidação para; resolver, solucionar.

FAGULHA
Partícula incandescente que se solta de um corpo em brasa; centelha, chispa, faísca.

FULGOR
O brilho, a luz transmitida ou refletida por qualquer corpo; luminância.

Agora é o momento de ajudar-te, de iniciar a tua iluminação.

Conhecer o projeto do processo evolutivo e aplicar-se na sua vivência é superar a ganga espessa que te envolve até alcançares a glória interior. Espírito imortal, nas contínuas lutas de aprimoramento espiritual, dar-te-ás conta das conquistas felizes que irás acumulando.

No treinamento afetivo com esses irmãos alucinados, aprenderás humildade para conquistá-los para a santa fraternidade e deles farás amigos e colaboradores na marcha do crescimento para Deus.

Não O decepciones com uma conduta dupla, agindo sempre com a misericórdia e a compaixão com que Jesus os tratou sempre que foi convidado a interferir nessas obsessões cruéis.

Haviam-se extraviado do caminho do bem e o tornaram seu inimigo, o qual perseguiam com ódio e horror.

Com a doçura do Mestre, acalmaram-se e renovaram-se, voltando para a luz, para o bem.

Desta forma, sempre que sintas a presença doentia dos seus fluidos maléficos, ora por eles, pensa em ajudá-los, reflexiona sobre o Amor do Pai a todas as Suas criaturas.

MALÉFICO
Que maleficia, que provoca dano, prejuízo; nocivo, adverso.

Aproveita este momento para iniciares a tua reforma íntima – o amor em todas as situações, substituindo os demais sentimentos.

Se tiveres dificuldade, redobra o treinamento e aperfeiçoa o método de trabalho interior.

Nunca desanime, especialmente se não te sentires com a renovação moral que esperas e que desejas.

TENTAME
Ato de tentar; tentativa, ensaio.

Repete mil vezes o tentame de ser feliz e notarás que o próprio trabalho em favor da tua libertação íntima do mal já é o início da felicidade.

Se perderes esta oportunidade, mais dificuldade terás oportunamente.

Nesta *noite* que visita a Terra moralmente, amanhece com suave claridade de amor, anunciando o dia da redenção humana.

DEVOTAMENTO
Ato ou efeito de devotar(-se); dedicação, devotação.

ESPRAIAR
(Fig.) Irradiar(-se), lançar(-se) para todos os lados.

Jesus nos espera e confia em nosso devotamento.

O que ora parece um grande mal é o amor chegando e espraiando o seu Reino de Paz.

Joanna de Ângelis

(Mensagem psicografada por Divaldo Pereira Franco na sessão mediúnica da noite de 12 de agosto de 2024, no Centro Espírita Caminho da Redenção, em Salvador, Bahia.)

Agradece, portanto, a Deus o trabalho, a inspiração do bem e nunca te escuses de servir.

Joanna de Ângelis/Divaldo Franco

Capítulo 16

Recrudescência das lutas

O processo de evolução espiritual tem por base a libertação interior das paixões dissolventes, aquelas que mantêm o aspecto do atraso moral.

Herdeiro dos hábitos das existências anteriores, essas contribuições nefastas intoxicam o ser de tal forma que, não raro, até mesmo inconsciente, o enfermo da alma reluta em abandonar esses rescaldos e perde-se nos vícios destrutivos.

Não são poucos esses algozes, pois são de caráter mental, emocional e físico...

As mentes habituadas a reflexões de baixo nível sentem dificuldade em alterar os conteúdos a que se habituaram, aproximando-se sem narcisismo e na ilusão de valores que não possuem, comprazendo-se da vulgaridade, nas anotações promíscuas do que observam, tornando-se

DISSOLVENTE
(Fig.) Que ou aquilo que corrompe, desorganiza, perverte.

NEFASTO
Que pode trazer dano, prejuízo; desfavorável, nocivo, prejudicial.

RESCALDO
(Fig.) Resultado de algo; saldo.

NARCISISMO
Amor pela própria imagem.

PROMÍSCUO
Em que há mistura mal aceita ou suposta degradação moral.

DEPRECIADOR Que ou quem deprecia; desprezador, menoscabador.

ACUMPLICIAMENTO Ato ou efeito de acumpliciar; tornar(-se) cúmplice; conluiar(-se), cumpliciar(-se) etc.

REMANESCER Sobrar, restar, perdurar.

CONGÊNERE Que tem natureza, finalidade ou caráter semelhante (aos de outro); similar, semelhante.

pessimistas e depreciadores de tudo quanto não lhes diz respeito.

Outros há que são de qualidade moral que arrastam a acumpliciamento com as condutas enfermiças e primitivas.

Ainda diversos outros com que se comprazíam, desconsiderando a ética e o respeito a si mesmo e aos outros.

Todos eles remanescem das existências, vindo uns com a sua carga em forma de aptidão, interesse e motivação.

Sem dúvida, a educação, a renovação das ideias, dando lugar a diferentes comportamentos, tornam-se alicerces de realizações edificantes ou congêneres.

É natural que, sendo a convivência salutar ou de natureza inferior, constitui o grupo familiar onde deve existir a verdadeira fraternidade, surgem os afetos e as inimizades, que se transferem para a Erraticidade, constituindo mais um vínculo com o seu estágio de evolução que o auxilia ou perturba na ascensão a que aspira.

Tem cuidado com os teus painéis mentais e reflexões habituais que te aprisionam em cárceres sem paredes, mas terríveis, fazendo-te sofrer.

DÍNAMO (Fig.) Aquilo que impulsiona, que gera o progresso.

PSICOSSOMÁTICO Que pertence ao mesmo tempo ao orgânico e ao psíquico.

O dínamo da mente produz fenômenos que lhe são decorrentes, fixando-se no corpo e produzindo efeitos psicossomáticos.

Nesse sentido, cria o hábito de pensar de maneira edificante, renovando as paisagens interiores com as mensagens de beleza e de edificação que se encontram em toda parte.

PERNICIOSO Que faz mal; nocivo, ruinoso.

Evita conviver com pessoas tóxicas, destrutivas, aquelas que somente veem o lado pernicioso dos acontecimentos e das coisas.

No estrume como na estrela fulgurante, a Criação colocou a magia de uma ordem própria e de um ideal fascinante.

ESTRUME
Mistura composta do dejeto de animais (ger. gado equino e bovino) e da palha fermentada que serviu de cama nos estábulos.

FULGURANTE
Que brilha, fulge; brilhante, lampejante.

Muitas vezes, aquilo que te parece em desordem no estado de decomposição que desagrada a vista e o comportamento está dentro de uma ordem preestabelecida a respeito da sua transformação para dar lugar a outra maneira de existir.

O Universo é um ser vivo que se expande e se contrai mecanicamente, demonstrando a perfeição oculta de que se reveste.

Invariavelmente, o que se denomina como caos, como degradação da matéria está dentro de uma ordem que é também harmonia e que escapa a observador menos atento.

CAOS
Vazio primordial de caráter informe, ilimitado e indefinido, que precedeu e propiciou o nascimento de todos os seres e realidades do Universo.

Não desprezes um grão de areia ao exaltar uma galáxia.

O Criador de ambos concedeu-lhes uma destinação própria, que faz parte do equilíbrio e da organização estabelecida.

Diante da esplêndida magnitude universal, as tuas lutas, embora diminutas, fazem parte da programação geral.

DIMINUTO
De pequeníssimas dimensões; ínfimo, mínimo, microscópico.

Tudo se modifica, obedecendo a uma ordem nem sempre detectada.

Vês a manifestação de um conjunto de átomos dando uma forma e logo depois estes mesmos, na sua movimentação incessante, dão lugar a outra expressão existencial. Não existe parada, porque tudo no Universo agita-se, move-se.

Sofres porque não és protegido em caráter especial nem abandonado.

EXCELSO
Que ou quem deprecia; desprezador, menoscabador.

Nessa excelsa programação, és amado.

O Amor Divino em tudo que existe te impulsiona ao crescimento íntimo, à necessidade de construir, fazendo-te cocriador.

A vida é um interminável suceder de ações.

Revigora o teu pensamento recorrendo ao trabalho edificante e incessante.

Cuidado com a *hora vazia*, porque é nesse momento que te surgem as ideias mais absurdas e depreciativas.

Quando a mente está em atividade em torno de qualquer ideal, o ser está vigilante, sem espaço para as digressões perturbadoras ou inquietações do mesmo gênero.

DIGRESSÃO
Divagação, viagem, passeio, excursão.

SOBRE-ESTIMAR
Estimar em demasia; sobrestimar, superestimar.

Não sigas precipitado, sobre-estimando-te, nem pessimista, desconsiderando-te.

ADVIER
Ocorrer, suceder a; acontecer.

Quando advier o cansaço, o prejuízo, o negativo resultado que não esperavas, refaze o caminho e observa onde falhaste, recomeçando a corrigenda.

Nunca suponhas que na oportunidade perdida se foi a ocasião de ser feliz.

SITIADO
(Fig.) Que ou o que é assediado, abordado com insistência.

Quando te sintas sitiado por pensamentos devastadores, recorre à oração e faze o bem, no qual haurirás prazer e redescobrirás alegria de viver.

Agradece, portanto, a Deus o trabalho, a inspiração do bem e nunca te escuses de servir.

A luta, por enquanto, é o clima em que te situas para o êxito existencial.

Jesus, na hediondez da cruz, não blasfemou. Antes, intercedeu por aqueles que o afligiam.

Descrucifica-te, se te sentes assim, e recomeça a tua tarefa com alegria e paz íntima.

Joanna de Ângelis

(Mensagem psicografada por Divaldo Pereira Franco no dia 25 de março de 2024, na reunião mediúnica do Centro Espírita Caminho da Redenção, em Salvador, Bahia.)

Não invejes ninguém. Se alguém te deslumbra e chama-te a atenção, envolve-o na amizade honesta e esforça-te por crescer também.

Joanna de Ângelis/Divaldo Franco

Capítulo 17

A inveja

Mesmo que o ignores, és colaborador da majestosa realidade universal.

O Supremo Criador a constituiu de maneira grandiosa que a Sua presença deixa registro da Sua grandeza em cada ser que produz.

A isto se aplica a faculdade do pensamento, a qual permite a elucubração e fabulosos recursos de edificação em cuja realidade passas a habitar.

O pensamento, pois, é uma fonte inexaurível de criações, a princípio, no *mundo das ideias*, para depois na condensação das ondas que se transformam em acontecimentos objetivos.

ELUCUBRAÇÃO
Meditação, reflexão profunda.

INEXAURÍVEL
Que não se pode exaurir; inesgotável.

CONDENSAÇÃO
(Fig.) Ato ou efeito de condensar(-se); concentrar, congregar, conglomerar.

Eis por que tudo quanto é gerado na usina mental se transforma em fenômeno físico e desafio moral durante o inevitável processo evolutivo.

Na infinita variedade de Espíritos, a Lei Divina impõe regras de comportamento que constituem os princípios éticos e felicitadores para a Humanidade.

De acordo com a qualidade das ondas emitidas pela mente, o Espírito experimenta a alegria, o prazer ou se embrulha nos tecidos tenebrosos do sofrimento.

Cabe, desse modo, a cada qual a eleição dos elementos que constituem o bem ou o mal-estar existencial.

Esse processo de desenvolvimento das ideias que se encontram em germe no ser humano faculta, quando se persevera naqueles comportamentos denominados edificantes, fatores poderosos para alcançar-se a plenitude.

PERSEVERAR Ser constante; permanecer, conservar-se.

A opção denominada como perturbadora de igual maneira gera os desastres que acontecem toda hora.

Por essa razão, desde os mais recuados tempos mergulharam na carne missionários do amor e do perdão, a fim de ensinar as preciosas lições para a aquisição do progresso.

ACENTUAR (Fig.) Pôr em destaque; realçar, sublinhar.

Numa bela frase, Jesus acentuou essa questão, afirmando, na Sua condição de Pastor incomparável: – *Nenhuma das ovelhas que o Pai me confiou se perderá.*

FOMENTAR (Por ext.) Proporcionar os meios para o desenvolvimento de (algo); estimular, promover, desenvolver.

O bem, aquilo que fomenta alegria e paz, e o mal, tudo quanto desestrutura, estão ao alcance da opção pessoal em adotar através do livre-arbítrio.

Desta forma, a escolha do bem é uma decisão fatal à espera de sua eleição.

Todos têm a mesma possibilidade, já que todos têm a fatalidade de encontrar o Pai Celestial ao término da sua jornada.

Na escala das conquistas espirituais, alguns se afeiçoam ao trabalho, ao esforço, ao sacrifício e com rapidez alcançam os patamares elevados do progresso espiritual na expectativa de alcançar o Reino dos Céus.

Automaticamente, tornam-se amados, respeitados, seguidos... invejados.

Nos meandros da virtude, todavia, encontram-se os rebeldes, os inferiores, os competidores, que se utilizam dos instrumentos da calúnia, da sordidez... da inveja.

Incapazes por indolência, preguiça ou perturbação, são dominados por sentimentos perniciosos e apegam-se à maldade, voltando-se contra o esforçado, o lutador e passam a tentar dificultar-lhe com o pensamento doentio e as ações abomináveis. São hábeis caluniadores e parceiros da hipocrisia, porque, não raro, permaneceram próximos das suas vítimas, a fim de infelicitá-las com maior facilidade.

Cuidado com esses amigos que te cercam e são corroídos pela inveja. A inveja é um dardo mental que sempre se crava nos lutadores que, nada obstante, arrancam-no e prosseguem na luta interminável. Mas estes, os invejosos, não apenas torpedeiam os seus planos, como desferem raios doentios contra a abençoada existência daquele que é devotado.

Não sabem quanto lutam para atingir a posição de que desfrutam, o que padecem em preocupações e esforços nas realizações a que se dedicam.

Pensam que eles são sorteados pela Divindade, que os protege sem qualquer merecimento, mas verás que serão destituídos das conquistas de que desfrutam.

Estão, não raro, ao teu lado, mas maldizem-te.

Se ainda não experimentaste as farpas da inveja e não padeceste das suas intrigas, não descuides.

MEANDRO
(Fig.) Aquilo que procede por vias sinuosas; volteio, desvio; emaranhamento, complexidade.

CALÚNIA
(Por ext.) Mentira, lorota, invenção.

SORDIDEZ
(Por mtf.) Comportamento indigno, baixo, mesquinho, desumano; infâmia, torpeza, vileza.

INDOLÊNCIA
Caráter do que revela indiferença, apatia; distanciamento.

ABOMINÁVEL
Que merece ser abominado; detestável, abominando, abominoso.

HIPOCRISIA
Característica do que é hipócrita; falsidade, dissimulação.

TORPEDEAR
(Fig.) Causar tormento a; afligir, bombardear, massacrar.

DESFERIR
Projetar (algo) de si; despedir, emitir, lançar.

PADECER
Ter, sofrer (dores, doença, maus-tratos, dificuldades, infelicidade).

DESTITUÍDO
Privado, despojado de algo.

MALDIZER
Dizer mal (de alguém); desacreditar, difamar.

FARPA
(Fig.) Crítica de mordacidade contundente; sarcasmo.

INTRIGA
Maquinação secreta com o objetivo de prejudicar algo ou alguém; perfídia, cilada.

Ora em silêncio, persevera nas ideias felizes, não te permitindo embaraçar com as suas tramoias.

TRAMOIA
Maquinação secreta com o objetivo de iludir alguém ou prejudicar algo ou alguém; ardil, artifício, trampolinice.

O ser humano ainda está em transição no seu processo evolutivo na condição de membro da Humanidade.

Não invejes ninguém. Se alguém te deslumbra e chama-te a atenção, envolve-o na amizade honesta e esforça-te por crescer também.

DESLUMBRAR
(Fig.) Encher(-se) de admiração (por algo que impressiona pelas suas qualidades superiores ou raras), causar encantamento em; fascinar(-se), maravilhar(-se), seduzir(-se).

...E, em qualquer situação, ama e serve o teu irmão, a fim de seres feliz com as tuas próprias conquistas.

O teu estágio de devotado servidor do bem não pode ser mesclado com fenômenos perturbadores como a inveja, o ciúme e equivalentes.

MESCLAR
Fazer ou sofrer mistura, combinação, fusão (de); amalgamar(-se), misturar(-se).

Nasceste para cumprir um programa e que desencarnes quando tiveres alcançado o êxito no compromisso.

Joanna de Ângelis

(Mensagem psicografada pelo médium Divaldo Pereira Franco no dia 27 de maio de 2024, no Centro Espírita Caminho da Redenção, em Salvador, Bahia.)

Hoje é o teu dia de colher os frutos ensementados antes, mas também de semear para o amanhã.

Joanna de Ângelis/Divaldo Franco

Capítulo 18

Vida intensa

Um dos fenômenos mais grandiosos do Universo é a vida, nas suas mais variadas expressões, especialmente a inteligente, nas suas variantes.

O viver é manifestação grandiosa do Pensamento Original e a maneira em que ele se apresenta é de invulgar significado.

INVULGAR
(Fig.) Que não é vulgar, comum; que foge ao padrão encontradiço; especial, raro, incomum.

Desde a primeira molécula que experimentou sensação até o organismo complexo com as inúmeras faculdades de expressar-se, é a arte de provar o grandioso milagre da Criação.

Desde que se manifesta em expressão mínima até a grandiosa destinação de raciocinar, compreender, sentir, a vida não cessa, permanecendo em contínuas modificações.

Jamais se extingue.

Quando cessa de manifestar-se em uma forma, prossegue, sob o comando da sua futuridade, alcançando estágios especiais.

CESSAR
Dar fim a ou ter fim; deixar de existir; parar.

Graças a esse determinismo, mantém-se imortal, sem que o aniquilamento das suas partículas aconteça de alguma forma.

ANIQUILAMENTO (M.q.) Aniquilação (destruição ou anulação completa de; desbaratamento, dilaceração, extermínio).

Aquilo que parece cessação do movimento, parada das funções, é experiência de um novo período, passando por incontáveis formas e expressões.

CESSAÇÃO Ação ou efeito de cessar; cessamento, interrupção, parada.

Aristóteles informava que movimento é vida.

No entanto, mais além do movimento, em estágio de desenvolvimento vibratório, prossegue no seu mister mais complexo.

Quando, por acaso, ocorre a falência de sua energia e se atribui a morte, eis que continua como onda vibratória em outra expressão.

Desse modo, aquilo que se denomina como morte é alteração do seu envoltório para expressar-se no campo além da realidade sensorial.

ENVOLTÓRIO O que serve ou é us. para envolver, cobrir; invólucro, cobertura, capa, revestimento.

Os seres humanos, para a realidade do pensamento, logicam a sua existência apenas no prolongamento da concepção à parada cerebral, *aí se destruindo*.

LOGICAR Discorrer sobre algo usando a lógica; raciocinar.

Entretanto, nesse aspecto, o ser que pulsava continua com toda vitalidade e determinismo, prosseguindo em outros campos, especialmente os de natureza espiritual.

PULSAR Revelar energia; mostrar-se vivo, dinâmico.

O Espírito é energia que vive sem a massa material, enquanto esta permanece amorfa, quase sem o vigor da força que a constitui.

AMORFO Que não tem forma determinada; informe.

Graças a essa condição, a vida humana tem um sentido que é feito de vibrações de prazer e de poder.

Nesse campo, através dos bilhões de anos surgiram a Filosofia e a religião, que ofereceram os recursos e técnicas para o encontro da harmonia: o Reino de Deus.

As experiências e ocorrências paranormais trazem de volta à Terra aqueles que viveram antes, a fim de que demonstrem essa realidade.

Nas mais diversas épocas e sob denominações variadas, os *mortos* confirmaram a presença da vida nas manifestações que se permitiram.

Aqueles de mais elevada percepção, portanto, missionários do amor, fizeram-se os anunciadores da Imortalidade, cabendo a Jesus Cristo vir jornadear com os seres humanos e demonstrar sua perenidade mesmo após a sua morte.

JORNADEAR
Fazer jornada; ir de um ponto a outro; viajar.

PERENIDADE
Qualidade de perene (que permanece durante longo tempo; perenal).

Viverás mesmo depois da diluição dos tecidos corporais.

Voltarão à convivência afetiva aqueles que partiram e não foram destruídos.

Vêm falar-te sobre paciência e compaixão, amor e misericórdia...

Volverás a conviver com eles, quando também concluíres o teu périplo material.

A imortalidade da vida na sua indestrutibilidade está em tudo que constitui o Universo.

Ama e liberta-te do peso das paixões herdadas de priscas eras.

Hoje é o teu dia de colher os frutos ensementados antes, mas também de semear para o amanhã.

ENSEMENTAR
Lançar sementes a; semear.

Não te desesperes quando algum ser querido anteceder-te na viagem da morte.

Ele vive e te aguardará.

Chora-o por afeto e gratidão, sem revolta nem desencanto.

Não perguntes por que tiveram que ir. Há motivos muito complexos para resolver esta questão. A vida é milagre do Amor de Deus que a todos e a tudo aguarda na sucessão infinita do tempo.

Joanna de Ângelis

(Página psicografada pelo médium Divaldo Pereira Franco na sessão da noite de 19 de agosto de 2024 no Centro Espírita Caminho da Redenção em Salvador, Bahia.)

Aproveita o Natal e insculpe na tua vida Aquele que se ofereceu por amor em favor de todos nós.

Joanna de Ângelis/Divaldo Franco

Capítulo 19

Vencedor incomparável

Ontem, como no passado remoto e recente, o comportamento humano era semelhante ao da nossa atualidade turbulenta.

Remanescendo no Espírito encarnado as heranças do seu primarismo, ainda predominam em sua natureza como marcas profundas do processo de evolução de que o *ego* não logrou libertar-se.

Os hábitos danosos de hostilidade permanecem com maior intensidade para se operarem mudanças em razão de comprazer-se na violência e no poder sobre as demais pessoas.

Ainda hoje as altercações que culminam em crimes hediondos são exatamente iguais aos combates que eram travados a cada instante, sem qualquer razão, exceto o estado de barbárie.

As nações alcançavam o apogeu mediante a vitória de uma contra a outra nos combates intermináveis a que eram submetidas com ferocidade inigualável.

REMOTO
Que ocorreu há muito tempo; antigo, longínquo.

LOGRAR
Obter o que se tem direito ou que se deseja; alcançar, conseguir.

ALTERCAÇÃO
Ação ou efeito de altercar (discutir com calor; polemizar, disputar, contender).

APOGEU
(Fig.) O mais alto grau; o auge, a culminância de (algo).

INIGUALÁVEL
Que não pode ser igualado, que não tem igual; incomparável.

As riquezas que possuíam, sempre fruto de roubos e assaltos, assim como de guerras anteriores, passavam de mãos para os ébrios de sangue e loucura de poder, como se a única função existencial fosse o campo e as glórias mentirosas da ilusão de imortalidade.

ÉBRIO
Que está com a mente ou os sentidos perturbados; embriagado, estonteado, tonto.

Eis, porém, que logo mais surgiam outros sanguissedentos que se erguiam voluptuosos, e os vitoriosos de antes eram transformados em párias, em escombros, em vergonhosos estados de escravidão execranda.

VOLUPTUOSO
Em que existe deleite ou gozo sensual ou um grande prazer; delicioso, deleitoso, libidinoso.

EXECRANDO
Digno de execração; execrável.

Os relacionamentos entre os povos eram frágeis e portadores de interesses subalternos, sempre com a expectativa de serem uns atacados pelos outros.

SUBALTERNO
Que ou aquele que está sob as ordens de outro, que é subordinado ou inferior a outro em graduação ou autoridade.

A paz era uma aspiração para todo o mundo, porém, trabalhada na insânia dos vitoriosos e na ambição ilimitada dos seus comandantes.

INSÂNIA
Condição do que é ou está insano; loucura, demência, insanidade.

Os ódios sucediam aos períodos de falsa fraternidade ou de negociações caracterizadas pela rapina, pelo egoísmo, pela insânia de todo tipo.

RAPINA
Ato ou efeito de rapinar; roubo praticado com violência; rapinação.

Os relacionamentos obedeciam à força do jogo do poder bélico, de modo que qualquer motivo real ou imaginário se transformava em razão para desentendimentos que conduziam aos campos de batalha sangrentos.

BÉLICO
Concernente à guerra ou ao belicismo; belicoso.

Uns países poderosos num momento, alcançando glórias equivocadas e situação invejável, rapidamente se transformavam ou desapareciam sob a máquina da destruição.

Os crimes contra a Humanidade eram tão naturais que não havia qualquer respeito pelo outro ser, pelo outro povo.

Vivia-se na expectativa de ser sempre o vencedor, embora o cetro repousasse em cabeças de criminosos odientos e sedutores, enganados e enganadores.

CETRO
(Por ext.) Toda e qualquer autoridade.

A arte e a beleza duravam pouco, logo transformadas em destroços ao abandono pelos novos governantes.

O painel da miséria do povo era indescritível, nos amontoados que superlotavam as cidades e as aldeias onde poucos sobreviviam.

Assim mesmo, a Misericórdia de Deus enviava com periodicidade Espíritos nobres que se destacavam e ensinavam os mais eficientes caminhos do conhecimento, da reflexão e da fraternidade. Nem sempre respeitados, alguns eram destroçados pelos déspotas e perversos, mas outros ofereceram o legado da sabedoria que a eles sobreviveu, tornando-se o alicerce para as construções morais e espirituais do futuro.

DÉSPOTA
Que ou quem exerce autoridade arbitrária ou absoluta (diz-se de governante); tirano.

Ainda hoje podemos ver esses povos e nações que fulguraram um dia e logo desapareceram, dormindo o sono dos milênios nas areias dos desertos, sob as águas oceânicas e como fantasmas nos escombros em cujas pedras ofídios e outros animais fazem os seus leitos.

FULGURAR
Emitir ou refletir luz, brilho intenso; luzir, brilhar, resplandecer.

OFÍDIO
(M.q.) Serpente.

A Terra estava em angústia nesse momento, e o Império Romano dominava o seu mundo conhecido, com o herdeiro do Segundo Triunvirato...

TRIUNVIRATO
Governo de três pessoas ou triúnviros.

Foi nesse período, sob a governança de Otaviano, que Ele nasceu...

O mundo de então estava em relativa paz.

Lentamente a Sua voz começou a cantar a balada da felicidade e do amor, através dos seus afáveis discursos nas páginas gloriosas da Natureza.

AFÁVEL
Delicado, educado no trato com outrem; amável, cortês.

Tudo aconteceu conforme fora prenunciado por alguns dos profetas, e a Sua majestade gloriosa foi imprimindo nas vidas e nos corações os recortes incomparáveis do Reino de Deus, após vencidos os caminhos da evolução na Terra.

ENUNCIADO Conjunto de palavras e frases, escritas ou proferidas, que formam sentido completo do contexto.

Tudo era diferente nos Seus enunciados.

A criatura humana passou a ser considerada e lentamente foi construindo o mundo de fraternidade e de beleza que traz nos refolhos do ser.

Ninguém, antes ou depois, que Lhe parecesse, embora a paixão que despertou naqueles que preferiram segui-lO desde o primeiro instante.

Renasceram durante períodos amargos que vieram depois da Sua chegada, ampliando os horizontes da esperança e da fé.

Deram a existência para que a Sua lição de amor penetrasse o coração e a mente das sociedades dos tempos que O sucederam.

Tornou-se um Vencedor incomparável nas batalhas travadas na sucessão dos séculos.

E hoje, quando o mundo O conhece, embora não O siga, qual seria desejável, o Seu Natal é uma carta viva recordando-nos daqueles dias quando esteve conosco e concitou-nos à verdadeira felicidade.

INSCULPIR (Fig.) Fixar(-se) na memória de (alguém); gravar(-se), inscrever(-se).

Aproveita o Natal e insculpe na tua vida Aquele que se ofereceu por amor em favor de todos nós.

Joanna de Ângelis

(Página psicografada pelo médium Divaldo Pereira Franco na sessão da noite de 23 de setembro de 2024, no Centro Espírita Caminho da Redenção, em Salvador, Bahia.)

Envolve-te, portanto, nos tecidos de luz da paciência, da oração, da dedicação a Deus e mantém a tua alegria de viver, aprimorando-te interiormente, sob os golpes que te maceram.

Joanna de Ângelis/Divaldo Franco

Capítulo 20

Vanguarda de luz

O ser humano pode retardar e mesmo deter o próprio como o progresso coletivo, porém, transitoriamente, em face da destinação que aguarda a Humanidade: a perfeição relativa!

Na vanguarda das realizações, há toda uma planificação eficiente e cuidadosa, que direciona os passos e etapas do desenvolvimento dos indivíduos assim como das coletividades.

VANGUARDA
Posição que encabeça uma sequência; dianteira, frente.

PLANIFICAÇÃO
(M.q.) Planejamento.

Mesmo os Espíritos primários, ao se reencarnarem, trazem um mapeamento dignificante para levar adiante, avançando no rumo da autoiluminação.

Outros se comprometem a limar as arestas morais no atrito com o sofrimento e abrir-se ao conhecimento libertador da ignorância e da inferioridade, conquistando novos degraus no processo de ascensão.

LIMAR
Tornar perfeito ou mais perfeito; aprimorar, polir.

Até mesmo Entidades nobres mergulham na atmosfera carnal forradas de ideais superiores para impulsionar a Humanidade para os cimos da plenitude.

CIMO
A parte superior de uma coisa que tem maior altura do que comprimento ou largura; a parte de cima; alto, topo.

As densas vibrações carnais, no entanto, são muito perturbadoras e diminuem as lembranças dos compromissos assumidos no Mundo espiritual, bloqueando, não poucas vezes, a manifestação e execução de projetos longamente trabalhados, que se transferem para ocasiões outras e conjunturas penosas, quando o látego da aflição zurze e impele o ser para decisões definitivas, mediante as quais atinge as metas antes abandonadas.

ZURZIR
Golpear, açoitar, chicotear, vergastar.

IMPELIR
(Fig.) Dar incentivo a; incitar, estimular.

A constituição da matéria, na sua densidade, perturba a lucidez do Espírito, e os impulsos que são próprios do corpo desviam as intenções morais bem forjadas, enquanto propiciam o prazer imediato, desatando as imperfeições espirituais ainda não superadas, quais o egoísmo, a rebeldia, a perversidade.

O livre-arbítrio faculta a opção que mais agrada no momento, mesmo que a peso de dores íntimas expressivas que chegam posteriormente.

Essa é a razão de naufrágios espirituais inesperados naqueles indivíduos que pareciam indenes às falhas e às quedas graves durante o périplo evolutivo.

INDENE
Que não foi atingido em sua integridade física; são e salvo.

O Espírito reencarna-se sob inspiração e cuidados de benfeitores elevados que o induzem, mas não o obrigam, à conduta reta.

Envolto pela indumentária física, perde o discernimento em torno do compromisso assumido e entrega-se à repetição das experiências perturbadoras, que lhes remanescem nos sentimentos.

INDUMENTÁRIA
O que uma pessoa veste; roupa, indumento, induto, vestimenta.

Embora possa captar as advertências superiores nos momentos de oração, na hora das leituras edificantes, nos interregnos do sono fisiológico, intoxica-se com dúvidas perversas que lhe povoam a mente, desejando reverter a ordem do processo, esperando que as injunções materiais tenham preferência no seu esquema de felicidade.

INTERREGNO
(Fig.) Intervalo, interrupção momentânea; interlúdio.

Eis por que muitos indivíduos comprometidos com o bem e a verdade iniciam as tarefas com entusiasmo e cuidado, e logo, bafejados pelas facilidades e apoios ao narcisismo que neles se encontra em germe, como a vaidade, que lhe é adversária cruel, promovem o *ego* a prejuízo do dever. Divulgam-se, deixando o ideal em plano secundário, e perdendo o contato com a realidade moral indispensável ao seu equilíbrio.

BAFEJAR
(Fig.) Inspirar, transmitir, sugerir.

Outros tantos, presunçosos e frívolos, passam a atribuir-se privilégios e concessões que os tornariam semideuses, até que algo, no momento próprio, os surpreende, quais a velhice, a enfermidade, os acontecimentos infaustos ou a morte, neles desmoronando os castelos das ilusões onde se albergavam ingenuamente, para despertarem no Além-túmulo fracassados e descoroçoados.

FRÍVOLO
Que é ou tem pouca importância; inconsistente, inútil, superficial.

INFAUSTO
Infeliz, desditoso, desgraçado.

ALBERGAR
Dar ou receber albergue, estalagem ou pousada; alojar(-se), hospedar(-se).

DESCOROÇOADO
(M.q.) Desacoroçoado (que ou aquele que perdeu o ânimo; desanimado, desalentado, sem coragem).

Apesar disso, a Humanidade avança em ritmo acelerado, e nada detém o progresso geral, porque a vanguarda de luz faz que renasçam no mundo em sombras, missionários do amor e da abnegação, da caridade e da sabedoria, que resistem a todas as investidas do mal, sintonizados com os condutores espirituais, dos quais não se divorciam.

Essa marcha, no entanto, é penosa, porque o ser humano não se lhe entrega em clima de confiança e de paz, conforme deveria fazê-lo.

Quando te sintas convidado ao sofrimento, enfrentando decepções e problemas rudes, enfermidades e desares, não te entregues à amargura nem ao desespero.

DESAR
(M.q.) Desaire (revés da fortuna; desgraça, derrota).

ANELAR
(Por ext.) Desejar ardentemente; ansiar, almejar, aspirar.

SOBERBA
(Pej.) Comportamento excessivamente orgulhoso; arrogância, presunção.

O que hoje te falta desperdiçaste antes, quando embriagado pelos sentidos e pelas paixões dissolventes.

Aquilo que te escasseia e pelo que neste momento anelas desconsideraste em infeliz soberba, quando a situação era diferente.

Não existem efeitos destituídos de causas correspondentes que os desencadearam.

Envolve-te, portanto, nos tecidos de luz da paciência, da oração, da dedicação a Deus e mantém a tua alegria de viver, aprimorando-te interiormente, sob os golpes que te maceram.

Os responsáveis programadores do teu e do progresso da Terra velam pelo andamento das atividades.

Sintoniza com eles, direcionando-lhes as tuas aspirações e pensamentos, assim estabelecendo contato vigoroso, de segurança, e triunfarás.

Recorda-te, por fim, do ensinamento de Jesus, quando se refere *àqueles que perseverarem até o fim*, que *serão salvos*, isto é, encontrando a paz perfeita.

Joanna de Ângelis

(Página psicografada pelo médium Divaldo Pereira Franco na sessão mediúnica da noite de 9 de agosto de 2000, no Centro Espírita Caminho da Redenção, em Salvador, Bahia.)

Vive com a tranquila segurança de que continuarás conforme os padrões da tua evolução.

Joanna de Ângelis/Divaldo Franco

Capítulo 21

A vida gloriosa

Nada mais pungente e doloroso do que contemplar-se um corpo sem vida, distendido à nossa frente, em silêncio perturbador.

Aqueles olhos que brilhavam e transmitiam expressões variadas, os lábios que enunciavam palavras, os braços operosos e os movimentos com calor irradiante estão agora paralisados pela terrível constrição da morte.

O enigmático fenômeno que interrompeu a existência orgânica terminou por triunfar sobre a vida gloriosa, rica de bênçãos e encantamentos, de pensamentos grandiosos que modificaram a estrutura do planeta e facultaram conquistas dantes jamais imaginadas.

Agora, apresentam-se inermes em processo de decomposição e, logo mais, terríveis modificações substituirão o antigo sorriso, a beleza, a vivacidade e o encantamento existenciais.

PUNGENTE
(Met.) Que afeta e/ou impressiona profundamente o ânimo, os sentimentos, as paixões; muito comovente.

CONTEMPLAR
Fixar o olhar em (alguém ou algo); observar com atenção; fitar, mirar, olhar.

INERME
Desprovido de armas ou de meios de defesa; desarmado, indefeso, inofensivo.

ESFACELAR (Fig.) Ficar em ruínas; desfazer-se, desmantelar-se.

Essa fatalidade de aparência destruidora tem sido a razão de estudos e dramas que esfacelam sentimentos e civilizações.

No entanto, constitui um dos mais belos capítulos existenciais, em razão do seu significado profundo e nem sempre compreendido.

É natural que tudo que nasça morra, vibrando durante um ciclo de energia a que denominamos como existência.

Não fosse assim, o caráter que se lhe desse de indestrutibilidade constituiria inimaginável desar, em razão da própria transitoriedade do mundo físico.

IMENSURÁVEL Que não se pode medir, não mensurável; imenso, ilimitado, incomensurável.

Se, de um lado, a dor da saudade é quase insuportável, a permanência de uma doença irreversível por todo o sempre constituiria uma desgraça imensurável. O envelhecimento natural, com a perda das faculdades que constituem os períodos iniciais, transformar-se-ia numa carga impossível de suportada. A superpopulação dos incapacitados para viver terminaria em tentativas alucinadas de destruição coletiva e desvarios de todo porte.

Impensável essa hipótese absurda de vida.

ACURADO Feito com primor, rigor, capricho; esmerado, exato.

Desse modo, o fenômeno morte merece mais acuradas reflexões, proporcionando estabilidade emocional e compreensão mental, especialmente se for considerada a realidade da existência do Espírito, que sobrevive ao processo celular depois da atividade que lhe diz respeito na experiência material.

Ninguém morre, porque todas as transformações fazem parte do projeto da evolução eterna.

O ser humano de forma alguma é o corpo de que se utiliza.

Criado por Deus "simples e ignorante", o Espírito evolve por etapas até alcançar a plenitude a que se encontra destinado.

EVOLVER Desenvolver-se gradualmente; passar por ou sofrer evoluções, transformar(-se); evoluir.

Tudo quanto existe permanece em movimento de transformações, do grosseiro para o sutil, em incessantes modificações.

O Espírito possui a essência da vida e se desenvolve através de experiências que o fazem alcançar os mais elevados patamares da angelitude.

Em razão disso, é importante o processo de crescimento moral e intelectual, durante a vilegiatura orgânica.

Desde o momento quando adquire a razão, o conhecimento, as emoções, torna-se responsável pelas futuras experiências a que será submetido, passando pelas vicissitudes ou aquisições nobres de que se fez responsável.

VICISSITUDE Condição que contraria ou é desfavorável a algo ou alguém; insucesso, revés.

As Divinas Leis estabelecem os códigos de evolução e cada qual assume a responsabilidade de atendê-las.

Mediante o entendimento dessas ocorrências, torna-se fácil e ditoso o esforço de autoiluminação, que constitui a meta a que cada qual está submetido.

Sob este aspecto, a reflexão em torno da existência física e da sua temporalidade prepara o Espírito para o momento inevitável da desencarnação.

Cada qual desencarna conforme experienciou a existência, prosseguindo de acordo com os hábitos que foram cultivados no corpo físico.

Somente a matéria se transforma, cedendo lugar a novas experiências evolutivas no processo de crescimento para Deus.

Em todas as épocas da Humanidade, a Vida ofereceu informações sobre a imortalidade do ser, nos variados cultos e através dos missionários do bem, que se encarregaram de anunciar a perenidade de existir.

Dentre todos, Jesus foi quem melhor demonstrou essa realidade, voltando do túmulo para confortar os amigos que ficaram na retaguarda, assim confirmando os Seus enunciados.

Vive, portanto, com a certeza da tua indestrutibilidade, laborando com alegria e vencendo, etapa a etapa, os desafios existenciais.

A morte não interromperá os teus projetos, que continuarão após o decesso celular.

DECESSO
Ato ou efeito de deceder, falecer; morte, óbito, passamento.

Vive com a tranquila segurança de que continuarás conforme os padrões da tua evolução.

Diante da morte de um ser querido, permanece confiante no Amor de Deus.

Não deplores, portanto, aqueles seres amados que a morte arrebatou dos teus sentidos físicos, porque eles continuam estuantes de vida, esperando por ti, ajudando-te ou não conforme as possibilidades que os caracterizam.

DEPLORAR
Manifestar aflição, sofrimento (por algo ou alguém); lastimar(-se); prantear(-se).

ESTUANTE
Que estua, que arde; ardente, escaldante.

Acarinha as emoções da saudade, ternura e gratidão, lembrando-te de Jesus retornando da morte em ressurreição luminosa, para demonstrar-nos com o Seu exemplo a grandeza do Amor do Pai Celestial.

Aguarda a oportunidade de comunicar-te com o ser amado, fazendo todo o bem que te esteja ao alcance e, em sua memória, ama a tudo e a todos, tornando-te digno do reencontro feliz.

Joanna de Ângelis

(Página psicografada pelo médium Divaldo Pereira Franco, na tarde de 1º de setembro de 2017, no Rio de Janeiro.)

Avança tranquilo e vence o mal hoje, através da ação do bem que possas movimentar.

Joanna de Ângelis/Divaldo Franco

Capítulo 22

Tem ânimo

Ante o fragor das lutas, em tempestades rudes, evita a queixa e a revolta, submetendo-te à vontade de Deus.

FRAGOR
Ruído estrondoso; estampido, estrépito, estrondo.

As ocorrências trágicas, aparentemente cruéis e injustas, têm razão de ser, que te escapa, mas que se tornará a tua felicidade futura.

Tem coragem e suporta o desar, envolto na fé consoladora, porquanto a vida, nos moldes físicos, é transitória e sujeita a ocorrências de variada ordem.

O Espírito é o agente que elabora pelos atos os acontecimentos de que se vê objeto posteriormente.

Enfermidades, desastres, mortes, desconcertos constituem fenômenos naturais que devem ser enfrentados com paciência e coragem.

DESCONCERTO
Ausência de harmonia, de ordem (física ou moral); perturbação, transtorno.

Enxuga o teu pranto e ergue o pensamento a Deus, quando colhido pelas dores extenuantes.

Busca refúgio n'Ele e tranquiliza-te, certo de que marchas para a Vida, na qual tudo se equaciona e o amor tem vigência permanente.

DESATRELAR
Desprender(-se) do engate; desengatar(-se).

CORCEL
(Fig.) Cavalo muito veloz; cavalo corredor.

Não desatreles os corcéis do desespero.

Retém a mágoa, superando-a com a resignação e luarizando-a com o amor.

Seres que te anteciparam na viagem espiritual oram por ti e amparam-te, trabalhando em favor da tua felicidade, enquanto te aguardam ditosos.

DITOSO
Que tem boa dita; venturoso, feliz, afortunado.

Avança tranquilo e vence o mal hoje, através da ação do bem que possas movimentar.

Além da extremidade da ponte orgânica brilha, atraente, a luz da Imortalidade feliz.

Atravessa-a jubiloso e tem ânimo!

Joanna de Ângelis

(Página psicografada pelo médium Divaldo Pereira Franco na sessão mediúnica da noite de 3 de junho de 1999, no Centro Espírita Caminho da Redenção, em Salvador, Bahia.)

A tua é a destinação das estrelas, alcançando o sólio do Altíssimo, e, embora o passo lento, avança com decisão, apesar das duras penas, sem desvios na estrada por onde segues.

Joanna de Ângelis/Divaldo Franco

Capítulo 23

Mensagem de fé

Companheiro de Cristo:

Permanece fiel ao programa do amor, mesmo que em derredor se manifestem a loucura e a violência entre as demais criaturas.

Não temas as conjunturas infelizes que a intemperança e a prepotência transitórias estabeleçam em nome do poder arbitrário de um dia, que a morte interrompe. A tua é a destinação das estrelas, alcançando o sólio do Altíssimo, e, embora o passo lento, avança com decisão, apesar das duras penas, sem desvios na estrada por onde segues.

Há, pelo caminho, conspirações sórdidas que ameaçam a tua decisão de fidelidade. Igualmente, multiplicam-se os empeços, tentando impossibilitar-te a caminhada.

A ironia de uns e a chalaça de outros se unirão às calúnias bem urdidas em tentativas continuadas para obstaculizar-te o trabalho de iluminação a que te entregas.

DERREDOR
No espaço circundante; em volta, à volta, em torno, à roda, em roda.

INTEMPERANÇA
Falta de temperança; descomedimento, imoderação.

PREPOTÊNCIA
Abuso do poder ou de autoridade; opressão, tirania, despotismo.

ARBITRÁRIO
Que é abusivo, despótico, violento.

SÓLIO
O poder real.

CHALAÇA
Zombeteiro; escárnio, gracejo, motejo.

Serás acusado e perseguido pelo ódio gratuito e pela inveja, que se armarão de perversidade, atirando-te pedras e fazendo que chuvas de imprecações caiam sobre a tua cabeça.

IMPRECAÇÃO
Desejo expresso de que algo de mau aconteça a um ser ou a uma coisa; praga, maldição, vociferação.

ANELAR
Desejar ardentemente; ansiar, almejar, aspirar.

ERMO
Diz-se de ou lugar desabitado, deserto.

MACERAR
Amolecer, alterar, danificar (tecidos).

Anelas por estradas floridas, e as defrontas ermas, de difíceis acessos; desejas um céu tranquilo, e ardes sob o sol inclemente das perturbações que tombam sobre ti; pensas em companhias gentis, e o abandono de muitos amigos, nos quais confiavas, porém, instáveis quão frívolos, maceram os teus ideais...

Não aspires, por enquanto, àquilo a que não fazes jus. Estes são dias de transição da ética e dos valores humanos, num contexto histórico conflitivo e angustiado.

As ruas do mundo estão em sombras e o medo aparvalha. As ameaças de guerra atemorizam vários povos, enquanto outros buscam o ópio das folias insensatas, fugindo da sua triste realidade para a embriaguez dos sentidos.

O mundo chora e sofre, enquanto o homem sorri, e o seu é um esgar, não uma expressão de júbilo.

Renasceste neste período com a tarefa específica de fazer que brilhe a tua luz, diminuindo a sombra.

O peso das aflições gerais parece esmagar-te o peito e destroçar-te a sensibilidade...

Tem coragem e mantém a fé.

Viveste inúmeras experiências cristãs e malograste em diversas delas, despertando hoje para os deveres que deixaste sem cumprimento.

O poder e o destaque social, a presunção e as honras ilusórias, a juventude louçã e a ignorância perderam-te no passado, não poucas vezes... Hoje compreendes a finalidade da vida, entregas-te com mansidão e confiança às mãos de Deus.

Sentes-Lhe a força em triunfo nas fibras do ser; descobre-Lhe a soberana vontade trabalhando o teu destino.

Permite-Lhe conduzir-te com equilíbrio, sem pressa, com segurança.

Não cedas espaço ao mal, permitindo-lhe ganhar as áreas do teu sentimento puro, nem lhe facultes perturbar-te a paz íntima.

Mantém-te intimorato, prosseguindo intemerato.

Candidato ao Reino dos Céus, alcançá-lo-ás após a vilegiatura honrada.

Jesus, a Quem amas, inspira-te e impulsiona-te pela trilha eleita.

Que outros se intoxiquem nas discussões estéreis, nos comentários vazios de conteúdo e recheados de vãs filosofias. Sê tu quem age com seu amor.

Enquanto muitos se destacam no banquete das disputas pela ociosidade dourada e pelas remunerações do elogio e da bajulação doentios, permanece aquele que sustenta o ideal do bem, embora ignorado pelas massas e desprezado pelos que se destacam no trono dos enganos terrestres.

Desvela Jesus, que permanece confundido pelas mentes que fingem servi-lO.

Vive-O, na Sua pureza apostólica, enquanto Ele se faz motivo de arrazoados favoráveis e contrários por quem pretende apresentá-lO e a si próprio se divulga...

INTIMORATO
Que não sente temor; destemido, valente.

INTEMERATO
Não corrompido, sem mácula; íntegro, puro, incorrupto.

VILEGIATURA
Temporada de recreio, repouso, férias que se passa fora dos centros urbanos, no campo, praia ou balneário.

ARRAZOADO
Discurso, defesa de uma causa; exposição de razões.

O teu é o compromisso com a Verdade, e não com as pessoas.

O valor das opiniões e agressões que te dirigem está na dimensão do conceito e respeito que lhes devotes.

É melhor que sigas a sós com Ele do que aplaudido e acompanhado pelos aturdidos; no entanto, sem Ele.

Penetra-te da certeza de que a tua atual existência é relevante, definitiva, nos teus futuros rumos e decide pela abnegação, a consciência de plenitude, a aquisição da paz.

Companheiro de Cristo:

Este é o teu momento de libertação. Utiliza-o com resolução irreversível.

CELERIDADE Característica do que é célere; agilidade, rapidez, velocidade.

O calendário muda de horas com celeridade, e passas pelos limites do tempo, sem que te consumas. No entanto, se permaneces decidido na ação do bem, o teu será o dia sem fim da imortalidade em triunfo no teu imo, quer no corpo, quer fora dele.

Silencia, quando tentarem levar-te ao ridículo, ou se acusado, legando aos teus atos o dever de falar por ti.

...E canta a honra da tua fé racional e espírita, transformando a tua existência em um hino de louvor à vida.

Joanna de Ângelis

(Página psicografada pelo médium Divaldo Pereira Franco na sessão mediúnica de 16 de janeiro de 1991, no Centro Espírita Caminho da Redenção, em Salvador, Bahia.)

...E, amando-vos uns aos outros, mesmo com as naturais dificuldades, bendizei o Senhor, que vos convocou de volta e vos está esperando de retorno!

Joanna de Ângelis/Divaldo Franco

Capítulo 24

Evocação feliz

A existência terrestre, meus filhos, é um veículo de breve resistência que conduz o Espírito do berço ao túmulo, em sua jornada iluminativa. Por mais que se alongue o périplo, tem data marcada para interromper-se, sem que, com isso, anulem-se os ideais, a vida e a busca da Imortalidade.

Renascemos no corpo equipado com os instrumentos hábeis para a desincumbência da tarefa a realizar.

DESINCUMBÊNCIA Cumprimento de obrigação ou missão.

Não poucas vezes, a imprevidência, amparada na ignorância, arma perigosas ciladas que fazem sucumbir os mais bem delineados programas de vidas. Nada obstante, o Espírito recomeça a sua marcha até a fatalidade triunfal, que é o encontro com a consciência.

IMPREVIDÊNCIA Ausência de previsão, de previdência; descuido, desprevenção, incúria.

Nos últimos cento e oitenta anos de vida espiritual, desde o tumultuado 20 de fevereiro de 1822, que repassamos, pela mente, o infausto acontecimento orgânico e o sublime libertar do Espírito, às portas do Convento da

Lapa, no testemunho à fé, à verdade e à nação que nos recebeu no seu seio generoso.

Desde então, assumimos, perante a Consciência Divina, o compromisso com a Cidade de Todos os Santos, para aqui plantarmos, com os nobres Espíritos que a abençoam, a cruz do sacrifício transformada em asas de redenção para quem deseje nela imolar-se.

IMOLAR
Sacrificar(-se) em benefício de; renunciar.

Aqui, ao lado de benfeitores espirituais do país, começamos a colocar os alicerces da obra de amor que hoje vivenciais no plano físico, graças à abnegação de muitos e ao carinho de incontáveis corações.

HELIOTROPISMO
Mudança de orientação de organismos fixos ou de suas partes, em resposta à luz do Sol; heliotropia.

LEGATÁRIO
Aquele que é contemplado por legado testamentário; herdeiro, testamentário.

Prosseguimos na marcha agradecendo o testemunho de alguns minutos que se transformaram em larga cota de felicidade por amor a Jesus.

Jesus, meus filhos, é a meta tendo-se feito o Caminho. É o *Porto* e a *Embarcação*. É o Sol que nos atrai num heliotropismo invulgar, do qual não nos conseguimos evadir.

Somos legatários da loucura anterior. Chegam-nos as vozes do desespero de ontem em trágicas melodias de aflição.

SALMODIAR
Cantar ou recitar salmos sem alterar a inflexão de voz, com pausas marcadas.

Cumpre-nos, hoje, salmodiar o hino de esperanças em musicalidade de compaixão e de amor em favor da Nova Era.

SOERGUER
(Fig.) Tornar a erguer(-se); reerguer(-se), reviver, revitalizar(-se).

Estamos juntos, faz muito tempo, desde quando o *Sol de Assis* espargiu Sua voz musical, chamando-nos.

REENCETAR
Encetar novamente; reiniciar.

Nossos laços, desde então, estreitaram-se, e a Sua misericórdia não mais nos abandonou.

PÁLIO
Manto amplo, capa.

Tropeçamos e caímos, soerguemo-nos, reencetando a marcha. Mas hoje, meus filhos, sob o pálio da Revelação libertadora, estamos definitivamente desenhados para alcançar a meta.

Não temais! Sede fortes! E, quando a morte vos falar da interrupção de um ciclo, dizei que a vida não cessa nem o amor diminui, nem a ação desaparece.

Desejamos que compartilheis conosco das emoções de reconhecimento ao Mestre, quando a esta servidora convocou para o retorno, na porta do sacrifício, a benefício da sua própria iluminação.

Continuai, obreiros da ação eloquente do bem!

ELOQUENTE
Que é expressivo, convincente; persuasivo.

Cantai, em atos, a sinfonia da caridade!

...E, amando-vos uns aos outros, mesmo com as naturais dificuldades, bendizei o Senhor, que vos convocou de volta e vos está esperando de retorno!

Rogando a Ele, a Estrela Polar de nossa noite, que nos abençoe, sou a servidora humílima e maternal de sempre,

Joanna de Ângelis

(Página psicofônica recebida pelo médium Divaldo Pereira Franco na reunião do dia 20 de fevereiro de 2002, no Centro Espírita Caminho da Redenção, em Salvador, Bahia.)

Ide avante, almas queridas, bendizendo a noite com as vossas preces, que se transformarão em estrelas, com as vossas lágrimas, que se converterão em pingentes de luar para que nunca mais haja escuridão.

Joanna de Ângelis/Divaldo Franco

Capítulo 25

Exoração de amor

...Alma querida, batida pelo vendaval, sacudida pelas incertezas sob chuva de calhaus e sob espículos cruéis.

É noite, e as sombras desenham fantasmas. Tu tremes e choras, dói-te o peito represado de angústias e cambaleiam as tuas pernas fragilizadas; tuas mãos, sempre ágeis, descem e se negam a transformar-se em asas para voar.

Alma querida, fita além da noite e verás, descortinarás um amanhecer longínquo que te chegará prenhe de luz, apagando todas as sombras, diminuindo as aflições.

Não pares! Ergue a cabeça e avança.

Alma solitária e triste, o sol da eterna crença avança no teu rumo, aguardando-te, para que sigas na sua direção. No grande reencontro, quando, nimbada de luz, alma feliz, bendirás todas as dores, todas as humilhações, que são os tesouros imarcescíveis da vida, coroando-te de estrelas.

CALHAU
Pedaço, fragmento de rocha dura.

ESPÍCULO
Aguilhão, espinho, ferrão, acúleo.

REPRESADO
Refreado, reprimido.

LONGÍNQUO
Que provém ou parece provir de um lugar situado a grande distância.

PRENHE
(Fig.) Que foi enchido ao máximo; abarrotado, repleto, cheio.

NIMBAR
Cercar de nimbo ou círculo luminoso; aureolar.

Almas queridas, não canseis de lutar! Cada uma de nós, alma em reajustamento, experimenta, uma ou outra vez, o seu quinhão de testemunho, mas o nosso Modelo, quando aceitou a cruz, transformou-a em dois braços que afagam, e não numa trave hedionda de horror.

QUINHÃO Parte que cabe a cada um na divisão de um todo; cota; parcela.

Ide avante, almas queridas, bendizendo a noite com as vossas preces, que se transformarão em estrelas, com as vossas lágrimas, que se converterão em pingentes de luar para que nunca mais haja escuridão.

PINGENTE Objeto pequeno, ger. em forma de gota, de pingo.

Deus vos abençoe, almas queridas!

Joanna de Ângelis

(Página psicografada pelo médium Divaldo Pereira Franco na sessão mediúnica do dia 7 de setembro de 1999, no Centro Espírita Caminho da Redenção, em Salvador, Bahia.)

Sede, pois, as mãos de Cristo descrucificado, a Sua voz, e deixai que o Seu amor se espraie de vossos sentimentos, arrastando vidas na direção da paz e da esperança.

Joanna de Ângelis/Divaldo Franco

Capítulo 26

Mensagem de encorajamento

Abençoe-nos o Senhor e nos guarde na Sua paz!

Adensam-se as sombras. Os fantasmas do desequilíbrio e da destruição confraternizam no festival da loucura humana. A dor amesquinha os ideais edificantes da Humanidade. O despautério e as ambições galvanizam as mentes que se divorciaram de Deus, estabelecendo as propostas de caos, conduzidas pela tecnologia de ponta e pelos desvarios da razão.

Seis mil e quinhentos anos de ética, de cultura e de civilização não lograram arrancar dos instintos primevos o Espírito enclausurado nos mecanismos atávicos do passado.

As glórias de um dia desaparecem e as marcas profundas do desequilíbrio aturdem por longo prazo.

A História não tem ensinado à criatura a conduta que deveria seguir ante os desafios do futuro. Repetem-se os gravames que deveriam estar superados. Alternam-se os armistícios e as conflagrações, a paz e a guerra, sendo os

AMESQUINHAR
Apoucar(-se), rebaixar(-se), aviltar(-se).

DESPAUTÉRIO
Dito ou ação absurda, grande tolice; despropósito, disparate, desconchavo.

GALVANIZAR
Reanimar, dando vida ou energia a; arrebatar, inflamar, eletrizar.

ATÁVICO
(Fig.) Relativo a ideias, costumes, métodos, estilos, etc., arcaicos e arreigados.

GRAVAME
Ofensa pesada; afronta, agravo, injúria.

ARMISTÍCIO
Acordo que suspende temporariamente as hostilidades entre os lados envolvidos numa luta, disputa ou guerra; trégua, indúcias.

CONFLAGRAÇÃO
Conflito armado entre vários países; guerra.

aparentes períodos de paz oportunidades de armamentos para novas agressões.

Deus, o Espírito imortal e o amor parecem jazer ignorados de muitos governantes e de muitos segmentos da soberba sociedade humana.

Não obstante, raia madrugada nova!

A treva teimosa, densa e ameaçadora não resiste ao lampejar de uma estrela, nem à débil claridade de uma vela. A madrugada do mundo novo começa esbatendo a sombra dominadora para fulgir o novo dia.

Sois os vanguardeiros do porvir!

Comprometestes-vos com a misericórdia do Alto para contribuirdes na restauração do mundo. Vosso esforço, ignorado pelo planeta ansioso e aturdido, virá a flux no momento próprio, como o botão desabrocha ao cálido beijo do sol na planta que venceu a invernia.

Os cristãos primitivos, na intimidade das catacumbas, buscavam Jesus orando e intercambiando com o Mundo espiritual, dominados por um grande ardor e visitados pelos numes da Imortalidade.

Repetis a experiência deles, no silêncio das novas catacumbas, na intimidade dos corações pulsantes de amor e das mentes anelantes pela plenitude.

A marcha do progresso é inexorável e a Divindade vela pela barca terrestre.

Perguntais: – *Até quando a dor amesquinhará a vida humana e o homem desorientado entregar-se-lhe-á sem qualquer resistência?*

Inquiris: – *Quando os céus promoverão a chuva de estrelas luminíferas para que a noite se transforme num grande dia?*

Tende calma e velai!

LAMPEJAR Emitir momentaneamente brilho ou clarão.

DÉBIL Que não tem intensidade; precário.

FULGIR Fazer brilhar ou brilhar; resplandecer.

A FLUX Em grande quantidade, em profusão.

CÁLIDO (Fig.) Que irradia calor, entusiasmo, ardor; ardente, fogoso.

INVERNIA Tempo frio e de chuvas abundantes; inverno.

CATACUMBA (Fig.) Lugar subterrâneo e recôndito.

NUME Espírito sobrenatural e superior.

O Senhor da vida ama, e no Seu código de amor não vicejam a precipitação, o improviso, nem o desequilíbrio.

VICEJAM
(Fig.) Demonstrar força, vigor, exuberância.

Desde há algum tempo, mergulham na carne essas estrelas luminosas, que fulgirão nas diversas áreas do pensamento, alterando a estrutura da cultura, do conhecimento e da arte, da fé e da Ciência. Este é o século em que a Ciência e a Tecnologia promoverão a mente. O próximo será o do amor e da educação que dignificarão a criatura humana. A arte sensibilizará as vidas e os sentimentos nortearão as diretrizes da investigação científica no rumo da Divindade e do bem total.

Prossegui rompendo a psicosfera carregada do mundo, mediante as pequeninas luzes que acendeis nas mentes turbilhonadas, que jornadeiam a esmo na Erraticidade inferior.

A ESMO
Ao acaso.

Dai prosseguimento ao vosso trabalho de semeadores, sem vos importardes com os grãos e o pólen que caiam no asfalto e não germinem ou que as pragas exterminem, tendo a certeza de que aqueloutros que caírem em solo fértil dar-vos-ão compensações pródigas de um milhão por um, alterando a paisagem do mundo.

AQUELOUTRO
Substituto de coisa ou pessoa distante espacial ou temporalmente dos interlocutores e mais afastado do que algo ou alguém indicado pelo pronome aquele.

PRÓDIGO
Que produz em abundância; fértil, fecundo.

Reabilitai-vos de gravames pesados de ontem, nos mesmos lugares onde vos comprometestes e a Lei da Vida vos trouxe de retorno para recuperardes o patrimônio malbaratado e os valores desperdiçados!

MALBARATADO
Usar de forma indevida; desbaratar.

Não marchais a sós! Vossa solidão é acompanhada por benfeitores afáveis, e vossas lágrimas são anotadas por corações afetuosos da Imortalidade que vos inspiram.

Continuai unidos, fortalecendo a corrente da solidariedade, para que possam os valores do Espírito vencer as paixões primitivas, que trabalham pelo isolacionismo e pela desagregação.

Jesus veio a sós, com Deus. Convidou apenas doze, dos quais um se equivocou, o outro se enganou, mas Ele mudou a estrutura da história humana.

Allan Kardec restaura-Lhe os ensinamentos sob a Sua inspiração e delega-vos a tarefa de espalhar a luz na direção do futuro.

Segui, servidores do Evangelho restaurado, cantando--Lhe as estrofes harmônicas e nobres aos ouvidos loucos da Humanidade distraída.

Ouvir-vos-ão aqueles que procuram o norte, aqueles que têm lágrimas ocultas e aqueloutros que necessitam de amizade.

Sede, pois, as mãos de Cristo descrucificado, a Sua voz, e deixai que o Seu amor se espraie de vossos sentimentos, arrastando vidas na direção da paz e da esperança.

Nunca desanimeis!

Não é fácil persistir, mas o Cristo não vos oferece facilidades, pois que já as desperdiçastes.

Agora, brinda-vos a luta restauradora, o trabalho libertador e, avançando intimoratos e fiéis, chegareis ao termo da jornada com o coração túmido de felicidade e em espírito plenificado pelo dever cumprido.

BRINDAR
Oferecer(-se) dom ou brinde; presentear(-se).

TÚMIDO
Que se apresenta proeminente, saliente.

Que Ele, o Amigo de todas as horas, que jamais vos abandona, vos abençoe e vos dê paz.

São os votos de vossa amiga espiritual.

Joanna de Ângelis

(Página psicografada pelo médium Divaldo Pereira Franco na sessão mediúnica da noite de 11 de junho de 1999, no Centro Espírita Caminho da Redenção, em Salvador, Bahia.)

Amem mais e sempre.

Joanna de Ângelis/Divaldo Franco

Capítulo 27

Sombras e luz

Meus filhos:

Cai a noite!

A tarde ardente cede lugar às sombras que chegam, volumosas.

Ainda não coruscam as estrelas e há predomínio da escuridão, aturdindo as pessoas acostumadas à claridade.

CORUSCAR
Emitir brilho, luz intensa; cintilar, faiscar, reluzir.

Nas sombras, tudo muda de configuração. Generaliza-se o medo, e a paisagem torna-se um cenário de fantasmas truanescos. Os sons naturais convertem-se em trágicas e assustadoras melodias que prenunciam terror. A pouco e pouco, o temor agita os corações, e os menos equilibrados atiram-se à correria do desespero. O tumulto generaliza-se, e os danos são incontáveis.

Estes são dias de provas!

As expiações reúnem os endividados rebeldes e impõem-se, dolorosas. Os testemunhos convidam ao ressarcimento de velhas dívidas, porque hora de luta é também

EXPIAÇÃO
Purificação de crimes ou faltas cometidas.

de decisão. O sofrimento campeia desenfreado e quase ninguém fica indene ao seu convívio.

São estes os dias da grande mudança!

Não obstante, o Senhor cuida, colocando as estrelas no velário da noite, para que, a pouco e pouco, o plenilúnio da esperança fale de um próximo amanhecer.

Não seja de estranhar, meus filhos, que a dificuldade lhes chegue aos pés; que as incompreensões confraternizem com os seus melhores sentimentos; que as suas palavras mais puras sejam interpretadas com vilania, e a sua conduta mais ilibada seja enxovalhada pela alucinação dominante.

Se fossem poupados, mérito algum teriam.

Se passassem incólumes, nenhuma evolução lhes assinalaria o desenvolvimento espiritual.

Chegam, porém, os momentos em que o desespero se faz tão rude, que a tentação do desencanto se aninha no coração e a tendência para o abandono da tarefa, a desistência da luta, torna-se quase imperiosa.

Tenham, porém, bom ânimo!

Somos a família da coragem; constituímos o grupo da fé; somos os trabalhadores de Jesus, que firmamos e assumimos um compromisso com Ele: dedicação exclusiva, trabalho integral.

A nossa Casa sobreviverá após quaisquer tormentos, e os seus obreiros, como os de outros lugares, permanecerão concluindo os seus deveres e, vitoriosos, estarão assinalados pela paz íntima.

Não permitam que os maus os tornem maus; que os licenciosos os façam vulgares; que os mentirosos os ponham a eles semelhantes.

NÃO OBSTANTE
Apesar de, a despeito de, nada obstante.

VELÁRIO
(Fig.) Aquilo que oculta, envolve ou encobre algo.

PLENILÚNIO
Fase da Lua em que ela se encontra inteiramente iluminada; lua cheia.

ENXOVALHAR
(Fig.) manchar(-se), comprometer(-se) [a reputação, a memória etc.]; deslustrar(-se), macular(-se), conspurcar(-se); perder a dignidade, o respeito.

INCÓLUME
Sem lesão ou ferimento; livre de dano ou perigo; são e salvo; intato, ileso.

LICENCIOSO
Que ou aquele que revela desregramento em seus atos, escritos e palavras; depravado, libertino.

Não seja a sua a fé titubeante que, à semelhança de uma bandeira desfraldada, muda de postura conforme a direção do vento...

TITUBEANTE
Que titubeia; hesitante, vacilante.

A nossa é a confiança irrestrita em Deus, que nada altera e força moral negativa nenhuma faz mudar de rumo.

Nunca lhes faltarão o socorro, o apoio, o amor e a força para vencer.

Nuca lhes faltarão os corações amigos *do lado de cá*, e companheiros leais que respeitam o compromisso firmado ficarão ao seu lado, testemunhando a fidelidade ao bem e à verdade, conforme o chamado do Senhor.

Não temam, portanto, nenhum desafio, nenhum acicate, nenhuma provocação. Prossigam joviais e responsáveis, alegres e conscientes dos deveres, guardando a certeza, filhos da alma, de que não estamos reunidos aqui por circunstância adversa do acaso.

ACICATE
(Fig.) O que incentiva, excita; estímulo, encorajamento, ânimo.

Programamos o nosso trabalho antes dos dias da Codificação. Reunimo-nos, muitas vezes, *no lado de cá*, para desenharmos o programa de ação.

O Senhor concedeu-nos Sua bênção e *o anjo de Assis* prometeu-nos apoio em quaisquer circunstâncias.

Não contemos como êxitos os triunfos e aplausos da Terra, mas, sim, as lágrimas silenciosas das noites solitárias.

Não considerem como seus triunfos os noticiários elogiosos da imprensa, o apoio da mídia, que eleva e conspurca com a mesma frivolidade dos que a constituem, mas tenham em mente que a maior vitória é sempre sobre as paixões, sobre as trevas que campeiam no íntimo, acendendo aí a luz da harmonia.

CONSPURCAR
(Fig.) Fazer recair dúvidas sobre a integridade de; macular, infamar, desonrar.

Não se considerem em abandono quando a dor se lhes alojar no coração, porque, se assim fora, Jesus teria estado abandonado pelo Pai, e Francisco teria ficado sem o apoio do seu Amigo.

Nós, que temos dívidas na Contabilidade Divina, recebemos a honra de resgatá-las pelo amor, pela ação do bem, socorrendo os mais sofridos do que nós e apoiando os mais carentes que nos chegam ao coração.

Filhos da alma: logo mais será meia-noite. Mas, ao primeiro minuto, será o início da madrugada, e o Sol voltará a brilhar.

Amem, amem, amem mais!

Se alguém lhes cria embaraço, amem. Este alguém está enfermo.

Se outrem lhes ludibria, amem. Esse outrem está cego.

Se mais alguém os persegue, amem. Esse mais alguém enlouqueceu.

Amem sempre, meus filhos.

A nossa é casa de amor. É o caminho da nossa redenção.

Redimir-nos-emos abraçados e chegaremos ao triunfo com as lágrimas da alegria, embora os pés, as mãos e o coração em chagas vivas, testemunhando que não fomos trabalhadores inúteis, inoperantes, mas, sim, lidadores constantes da seara do Senhor.

Amem mais e sempre.

Anotem no coração essas palavras.

...E, quando a noite estiver mais escura, antes da chegada das estrelas, lembrem-se delas, para que sejam também estrelas diminuindo as sombras que, porventura, teimem nas paisagens dos seus corações.

EMBARAÇO
Qualquer fato ou coisa que dificulta ou impede; dificuldade, complicação, atrapalhação.

OUTREM
Pessoa que não participa do processo de comunicação e cuja menção é imprecisa ou indefinida (seja porque o falante não sabe, seja porque não lhe interessa dar a indicação precisa); outra pessoa.

LUDIBRIAR
Fazer acreditar em algo que não é verdadeiro; enganar com palavras capciosas; usar de dissimulação.

Não estaremos a sós, nunca, meus filhos!

Rogando a Jesus que nos abençoe, que nos ampare, a servidora humílima de sempre e maternal,

HUMÍLIMO
Muito humilde, muito húmil; humilíssimo.

Joanna de Ângelis

(Mensagem psicofônica recebida pelo médium Divaldo Pereira Franco, dirigida aos trabalhadores do Centro Espírita Caminho da Redenção, na reunião da noite de 27 de outubro de 1993, em Salvador, Bahia.)

Não vos preocupeis com os desafios.
Antes, considerai que são eles que promovem a criatura a dar passos mais ousados e a atingir patamares mais altos.

Joanna de Ângelis/Divaldo Franco

Capítulo 28

Que a paz do Divino Mestre Jesus esteja em nossos corações.

Meus filhos:

Reine a alegria plena em nossos sentimentos.

Diante da sombra, acendamos o archote que a vai devorar.

Ante o pântano, usemos a drenagem que lhe retirará as partes apodrecidas, facilitando o trabalho de um futuro pomar ou de um belo jardim.

Perante a aridez do deserto, trabalhemos o solo, utilizando adubo e irrigação, e ele reverdecerá abençoado por flores, frutos e pão...

Em qualquer situação, seja a nossa atitude positiva, aquela que dilui o problema e anula a dificuldade.

Desarmados de caprichos, desalgemados de antipatias, abramos o coração ao amor, e o amor nos dirá o que é de mais útil para a vida.

ARCHOTE
Corda de esparto, untada de breu, que se acende para iluminar um lugar ou caminho; tocha, facho.

POMAR
Conjunto de árvores frutíferas ou terreno onde elas são cultivadas em quantidade; pomaredo.

ARIDEZ
Qualidade ou estado do que é árido (que pouco ou nada produz; estéril).

Não é o acaso que nos impôs o processo evolutivo, mas, sim, a necessidade da lei que se faz irrevogável.

Avancemos, pois, de mente alçada a Jesus e a Deus, no rumo da Grande Luz, sem titubeios nem tropeços nos percalços do caminho.

TITUBEIO
(M.q.) Titubeação (ato ou efeito de titubear; hesitação, vacilante).

Na Terra de hoje, sempre haverá espinhos, incompreensões, lutas de egoísmos, aflições.

O cristão decidido não está isento das armas do combate, que são a bondade, a ternura e a fraternidade.

Ninguém que nos mereça execração.

EXECRAÇÃO
Ódio profundo ou aversão exacerbada.

Todos são nossos irmãos, uns na retaguarda, outros do lado, alguns à frente, chamando-nos...

A tolerância, que esperamos tenham os guias nobres para conosco, tenhamos para com os irmãos difíceis.

A obra do bem não pode parar, visitada pelas tormentas, sacudida pelos vendavais, balouçada pelos terremotos.

Seus alicerces devem ser fincados na rocha da fé e estruturados na caridade.

Tende bom ânimo, meus filhos! E não recalcitreis contra o aguilhão.

RECALCITRAR
Revoltar-se contra algo ou alguém; insurgir-se.

AGUILHÃO
(Por ext.) Espinho ou acúleo.

Quando reagimos contra o ferrão, mais ele se nos crava nas carnes da alma.

Aceitar sem *conivir* com os impositivos do momento é o nosso dever.

CONIVIR
Ser conivente.

Santificar nossos sentimentos é o nosso objetivo.

Trabalhar as imperfeições é a nossa meta.

Crescer, sem parar, é o nosso alvo.

Não vos preocupeis com os desafios.

Antes, considerai que são eles que promovem a criatura a dar passos mais ousados e a atingir patamares mais altos.

PATAMAR
(Fig.) Nível destacado entre os mais altos.

Jesus é o Exemplo eterno, desde que veio ter conosco até a consumação dos séculos.

Antes de manterdes atitudes hostis, reações personalistas, consultai como Ele agiria e tentai fazer conforme Ele faria.

O carro material corre muito rápido e a avaliação dos valores é sempre depois que a maquinaria orgânica cessa de movimentar-se.

Bem-aventurado aquele que olhar para trás e reconhecer que fez o melhor, que não lutou em vão, que não se permitiu arrastar pelos caprichos, que se entregou por ideal.

BEM-AVENTURADO
Que ou aquele que desfruta, nesta vida ou após a morte terrena, das bem-aventuranças divinas.

Tende compaixão dos infelizes, que não são apenas os que choram, mas os presunçosos, os melindrosos, os maledicentes, os caluniadores, os intolerantes, esses que estão do outro lado da linha da luz.

Atraí-os a Jesus pela vossa bondade e paciência, e Ele vos concederá sempre mais paciência e bondade.

Abraçamos os filhos que residem em outras terras, nesta noite evocativa de carinhos e de bênçãos, enriquecedora de paz e de reflexões.

Levai convosco para vossos lares essas reflexões e guardai-vos em paz.

Quando a luta cessa, o ideal morre e o trabalho se acaba.

Alegrai-vos, pois, porque estais na linha de combate e o Senhor está convosco.

Superai a ira e vencei o receio. Com Jesus temos a glória imortal.

Deus vos abençoe, meus filhos!

INTUMESCER Tornar(-se) túmido; avolumar(-se), dilatar(-se), inchar(-se), tumescer.

Intumescendo de júbilos os vossos sentimentos e de paz a vossa trajetória evolutiva, sou a servidora humílima e maternal,

Joanna de Ângelis

(Mensagem psicofônica recebida pelo médium Divaldo Pereira Franco, na reunião mediúnica da noite de 6 de maio de 2002, no Centro Espírita Caminho da Redenção, Salvador, Bahia.)

Sede, pois, trabalhadores do bem, fiéis a Jesus, neste momento da *grande transição*, preparando a era melhor do mundo feliz.

Joanna de Ângelis/Divaldo Franco

Capítulo 29

Meus filhos,

Vimos através dos tempos seguindo a direção da meta de sublimação.

Atados ao primarismo das paixões, avançamos, deixando marcas de sombra e de dor pelos caminhos.

Mas, como após a noite invernosa surge a sorridente primavera, dos escombros surgem as abençoadas florações das plantas miúdas e praticamente desvalorizadas, embelezando a paisagem.

Assim, também, após a invernia moral, o doce canto do Poeta Pastor faz com que a terra malsinada devolva os espinheirais em forma de abençoadas florações de esperança.

MALSINADO
Que foi desvirtuado, deturpado.

Quem, realmente, encontrou Jesus dispõe de sublimes recursos para voltar ao ontem, diluir as sombras e abrir o sol pela frente no rumo de um abençoado verão.

Por isso, o cristão decidido não teme nunca, porque ele é o futuro que avança pelos passos do presente.

Aqueles que deixamos nas furnas do desespero, lentamente são libertados da gaiola de aflições ao retornarem à nossa convivência e fruírem de paz, a paz que lhes negamos, a liberdade que lhes tomamos.

Felizes somos, meus filhos, porque temos a consciência ilibada no bem e o apoio do Pastor que segue à frente, conduzindo-nos pelas vias de segurança.

Não mais nos permitimos desar nem compromisso perturbador.

Não mais descemos aos abismos da ignorância e da crueldade de que nos utilizamos um dia para dominar, ficando dominados pelas consequências infelizes desses atos ignóbeis.

IGNÓBIL
Que não é nobre, que inspira horror do ponto de vista moral, de caráter vil, baixo.

SENDA
(Fig.) Rumo, direção, rota.

Avançai, servidores de Cristo, pela senda luminosa do amor e distendei a claridade divina sobre a imensa noite que paira na Terra, propiciando a todos a oportunidade da luz!

Estais reencarnados com a tarefa da recuperação moral, ao mesmo tempo da construção do Reino de Deus nas paisagens do coração.

Sede felizes, porquanto, conscientes dos vossos deveres, estais lúcidos para reparar e edificar.

DOUTRORA
Modificador de (um antecedente), relacionando-o a um tempo passado, distante e impreciso.

Nós outros, vossos amigos doutrora, mantendo-nos na Erraticidade, seguimos-vos, apontando-vos rumos e dando-vos as resistências contra o mal, que nunca triunfará.

Sede, pois, trabalhadores do bem, fiéis a Jesus, neste momento da *grande transição*, preparando a era melhor do mundo feliz.

Com muito carinho, a servidora humílima e maternal,

Joanna de Ângelis

(Página psicofônica recebida pelo médium Divaldo Pereira Franco, em 14 de abril de 2010, na reunião mediúnica do Centro Espírita Caminho da Redenção, Salvador, Bahia.)

Avancemos no amor e aguardemos que o amor nos coroe o espírito, hoje ou mais tarde, com as flores dadivosas do bem incondicional.

Joanna de Ângelis/Divaldo Franco

Capítulo 30

Meus filhos,

Enquanto a Terra emerge em aflições de difícil catalogação e a dor parece o lugar-comum de todas as coisas, pairam no ar as esperanças novas que prenunciam estados de paz que certamente nos chegarão logo mais.

Ainda ontem estribados nas difíceis e frágeis rédeas do poder, deixamo-nos afetar por ambições desmedidas e naufragamos dolorosamente no mar encapelado das paixões.

Encontramos a labareda da fé em igrejas que triunfavam no poder e na forma e nos deixamos asfixiar pelas forças deletérias das iniquidades, comprometendo-nos e comprometendo a própria fé.

Logo após, fascinados por longas inquietudes sem-nome e sem roteiros, nascemos e renascemos em diversos avatares sem lograr o êxito da paz nem a harmonia do amor para o próprio Espírito atribulado...

LUGAR-COMUM
O que é do conhecimento de todos; coisa trivial.

ESTRIBADO
Sustentado, baseado em ideias, pensamentos, conhecimentos etc. consagrados pela tradição.

ENCAPELADO
Que se apresenta revolto, com ondas de grande altura e revoltas (diz-se de mar).

DELETÉRIO
Que possui um efeito destrutivo; danoso, nocivo.

INIQUIDADE
Ação ou coisa contrária à moral e à justiça.

SEM-NOME
Que não tem nome; anônimo, inominado.

...Recomeçamos, agora, sob as luzes novas do Evangelho Restaurado, para nos reabilitarmos, ensejando ao Espírito jornaleiro o pão da felicidade e a rota da segurança de que não podemos prescindir.

JORNALEIRO
Que se faz dia a dia; diário.

PRESCINDIR
Passar sem, pôr de parte (algo); renunciar a, dispensar.

Dilatam-se-nos os horizontes da vida, e os compromissos reaparecem em forma de trabalho que surge discreto, e que se agiganta, conduzindo-nos à diretriz segura da nossa felicidade real.

DILATAR
Aumentar, expandir(-se), estender(-se) [em amplitude, distância, capacidade, diâmetro, abertura, alcance etc.].

Certamente, para lograrmos o desejo a colimar, muitas lutas nos assinalam e nos fazem sofrer. São as lutas do pretérito remoto e próximo que surge e ressurge, chamando-nos a atenção para o trabalho de renovação interior, renovação essa que nos estabelecerá as bases do equilíbrio que nos falta.

COLIMAR
(Fig.) Ter em vista; visar a; objetivar, pretender.

No entanto, essas lutas não se fazem apenas no plano físico, senão e principalmente no Plano espiritual. Inimigos de ontem que retornam vestidos de adversários da nossa paz, a seguir-nos vigorosos, produzindo dores e choques nos sensíveis departamentos de nossas vidas; outros, ainda desencarnados, intercambiam, gerando lutas e pelejas dolorosas, ferindo as mais delicadas fibras do sentimento e marcando profundamente as nossas atividades evolutivas...

PELEJA
Contenda, batalha.

Em razão disso, é justo que oremos oferecendo os melhores recursos à comunhão com a Espiritualidade superior.

Evidentemente, o trabalho de nossa reestruturação apenas começa.

Refazer o caminho nos exige o esforço do suor e das lágrimas que somos constrangidos a verter como

VERTER
Fazer correr ou transbordar (líquido).

contribuição da nossa efetiva participação no Programa Divino.

Nada nos acontece ao impacto caprichoso do acaso, gerando acontecimentos necessários à própria vida. Vinculados ao programa da Esfera mais alta da vida, seguimos a rota antes trabalhada com insucesso e agora recomeçada sob novas injunções que nós mesmos solicitamos.

Diante, portanto, das dificuldades vencidas e a vencer, só a dedicação eficiente à Causa nos permitirá o êxito no empreendimento encetado com Jesus.

ENCETADO
Que já começou; iniciado, principiado.

Em razão disso, Jesus significa a nossa mais nobre aspiração do momento. Atar-nos a Ele dos mil modos imaginados é dever que, para a nossa felicidade, não podemos adiar.

Até hoje nos aguarda e nos socorre, doando-nos os tesouros imarcescíveis de que temos necessidade.

Envidemos, portanto, meus filhos, os melhores esforços para a produção do melhor ao nosso alcance e não nos deixemos inquietar pelas inquietações nem perturbar pelas perturbações naturais que passam em todos os departamentos da vida.

ENVIDAR
Dedicar-se com afinco; empenhar-se, esforçar-se, aplicar-se.

A intensidade da luta revela o valor dos contendores. Se a batalha é terrível, significa que as nossas fracas forças se fazem poderosas e oferecem mais energia para continuarmos, já que o Comandante é Mestre Amigo e Devotado que há muito nos segue em socorro, colocando em nossas mãos os instrumentos de amor da nossa felicidade.

CONTENDOR
(M.q.) Contenedor (que ou aquele que contende; adversário, rival).

Tenhamos confiança, filhos, e avancemos. Haja o que houver, estamos vinculados por fortes liames do passado.

LIAME
Tudo o que prende, une ou liga; ligação; vínculo.

PÓRTICO
(Fig.) Entrada, ingresso, acesso a algo difícil e grandioso.

ANCORADOURO
Lugar próprio para a ancoragem segura de navios ou outras embarcações; ancoragem, fundeadouro.

O ontem é o pórtico do caminho por onde começamos a jornada. E o amanhã será o ancoradouro feliz ou desventurado onde colocaremos as tarefas realizadas ou recolheremos os desencantos reunidos.

Quando as tribulações nos parecem maiores, e os desassossegos, mais vigorosos, confiemos que Ele vela e está ao nosso lado.

OSCULAR
Dar ósculo(s) em algo, alguém, em alguma parte etc.; beijar.

HÚMUS
Parte superior do solo caracterizada pela presença de grande quantidade de matérias de origem orgânica, predominantemente vegetal, decompostas ou em decomposição.

Esqueçamos sombras, enfermidades e decepções para nos lembrarmos de que a noite estrelada oscula o vale que se abrirá em perfume logo depois, com a chegada da madrugada, tanto quanto a fertilidade do solo está na dependência do húmus nauseante que se espalha pela terra.

Todas as dificuldades e testemunhos são, pois, as dadivosas contribuições da vida para a fecundidade do nosso espírito.

Avancemos no amor e aguardemos que o amor nos coroe o espírito, hoje ou mais tarde, com as flores dadivosas do bem incondicional.

Rogando a Jesus que nos abençoe e guarde, a servidora humílima e maternal,

Joanna de Ângelis

(Página psicografada pelo médium Divaldo Pereira Franco em Buenos Aires, Argentina, em 1º de maio de 1969.)

"Os grandes homens, onde se encontrem, tornam-se claridade inapagável, apontando rumos libertadores."

Joanna de Ângelis/Divaldo Franco